Irmgard Kutsch · Gudrun Obermann

Mit Kindern im Bienengarten

Irmgard Kutsch · Gudrun Obermann

Mit Kindern im Bienengarten

Verlag Freies Geistesleben

Curt Liebig,
Bei den Bienen

Zum Foto auf dem Vorsatzpapier: Und wieder zieht ein heimatloser, kraftvoller Bienenschwarm mit unbeirrbarer Vehemenz in das Bienenhaus der Natur-Kinder-Garten-Werkstatt Reichshof ein. Dieses große Glück wurde uns in zwölf Jahren Imkerei bereits neunmal zuteil. Es ist, als habe es sich bei den Bienen herumgesprochen, dass hier immer eine Wohnung frei steht für einen herrenlosen Bienenstaat. – Vielleicht können auch Sie bald Bienen in Ihrer Umgebung herzlich willkommen heißen. Wäre es nicht einen Versuch wert?

2., überarb. Auflage 2015

Verlag Freies Geistesleben
Landhausstraße 82, 70190 Stuttgart
www.geistesleben.com

ISBN 978-3-7725-2394-6

Druck: Gorenjski tisk storitve, Kranj
Printed in Slovenia

Inhalt

Geleitwort

Manches Mal habe ich die ganz Kleinen mit ans Flugloch genommen und ihnen vorsichtig die Finger geführt, um gemeinsam den feinen Pelz der Bienen zu berühren. Es ist ein Glück, mit den Immen vertraut zu sein und sich an ihnen zu freuen. Und es ist ein Glück, dass Irmgard Kutsch und die Mitautoren des Buches dies allen bieneninteressierten Laien zwischen «vier und 104 Jahren» in diesem Buch vermitteln möchten.

So zu staunen wie die Kinder, das wäre uns Imkern zu wünschen. Zauber und Faszination der wundersamen Rätselwelt des Bienenstockes können beim Erlernen des Imkerhandwerks vergessen werden, wenn es primär um wirtschaftliche Nutzung geht. Aber auch sonst sind wir als Erwachsene gefährdet. Unsere intellektuelle Art, die Natur um uns herum zu erklären, zermürbt unbemerkt die Fähigkeit, sich emotional berühren zu lassen. So hat es einen besonderen Stellenwert, kleinen Kindern die reichen Sinneseindrücke der duftenden, süßen Bienenwelt zu eröffnen.

Die Arbeit mit den Bienen lässt uns still werden, staunen und die Zeit vergessen. Eine Königin, Tausende Bienen und Drohnen wirken im Bienenstock zusammen wie die Zellen eines Lebewesens. Das Bienenvolk als Ganzes ist mehr als die Anhäufung vieler einzelner Tiere, es ist tatsächlich ein Organismus. Sein Wesen zeigt sich darin, wie flexibel seine Glieder auf wechselnde Anforderungen reagieren und wie es dem Ganzen der Natur dient.

Dieses Buch soll alle bieneninteressierte und aktive Menschen auf den (süßen) Geschmack bringen und neugierig machen. Für den Neuling tut sich eine unerwartete Fülle von Fragen und widersprüchlichen Ratschlägen auf, wenn er sich näher auf fachliche Aspekte einlässt. Es ist jedoch gut, sich zu Beginn erst einmal davon freizumachen, alles ganz richtig tun zu wollen, am besten ökologisch oder gar wesensgemäß … Bienenhaltung ist nicht allein über ein Buch zu erlernen. Es braucht einen Paten oder eine Patin für erste gemeinsame Schritte. Besonders wenn man als Imker noch nicht sehr viel Erfahrung hat, ist es gut, einen erfahrenen Imker zu bitten, beim Kindergarten und in der Schule ruhige, auf Sanftmut gezüchtete Bienen aufzustellen.

Natürlich strahlen Kinder und Erwachsene, wenn sie die Königin sehen oder einen krabbelnden Drohn auf die Hand gesetzt bekommen, der dann brummend weiterfliegt.

Möge die Freude an den Bienen und das Verständnis ihres Wesens uns alle inspirieren, schöpferisch für Biene, Mensch und Natur zu wirken und uns den wachsenden Herausforderungen der Gegenwart zu stellen.

Imkermeister Thomas Radetzki, Vorstand von Mellifera e.V. (siehe Anhang 3)

Einleitung

von Irmgard Kutsch

Wildbienen sind seit 60.000.000 Jahren, in Worten: sechzig Millionen Jahren (!), auf unserem Erdenplaneten zu Hause. Es gab sie also schon lange vor dem Menschen. Vielmehr ist es so, dass die Bienen als Bestäuberinsekten erst die Lebensgrundlagen für den Menschen erschaffen halfen. Sie haben die Evolution durch ihr Wirken nämlich maßgeblich beeinflusst.

Die Bienen sind es, die für die Entwicklung und Ausbreitung eines bunten Artenreichtums in den Regionen der Erde sorgen, in denen blühende Pflanzen leben können. Den Bienen haben wir durch ihre

Mooshummel auf einer Kardendistel

Honigbiene in einer Malvenblüte

Bestäubungstätigkeit zum größten Teil auch die Vielfalt unserer Nahrungspflanzen zu verdanken. Wie wollten wir Menschen ohne Bienen überleben?

Vor mehr als 10.000 Jahren begann sich der Mensch für eine besondere Spezies in der Welt der unzähligen wild lebenden Bienenarten zu interessieren, für die Honigbiene. Sie ist die einzige, die während eines urlangen evolutionären Entwicklungsprozesses ganze Staatsgefüge mit einer fein differenzierten sozialen Aufgabenteilung heranbildete.

Faszinierend, welche kostbaren Produkte

sie aus Substanzen der Pflanzenwelt durch mannigfaltige Verwandlungsprozesse hervorbringt! Wegen ihrer kostbarsten Gabe, des himmlisch süßen Honigs, wurden die Honigbienen von unseren Urahnen auch Botinnen der Götter genannt. Pollen, Wachs, Propolis, Gelée Royale und Bienengift sind ebenso kostbare Substanzen aus dem Bienenstock, denen wir unsere Aufmerksamkeit zuwenden werden. Und weil das Wissen um die große Bedeutung dieser kleinen Tiere in der zweiten Hälfte des letzten Jahrhunderts stark zu verblassen begann und der Mensch teils zur lebensbedrohlichen Gefahr für die Bienen wurde, wollen wir mit diesem Buch eine Gegenbewegung unterstützen helfen. Wir möchten das Interesse für die faszinierende und artenreiche Welt der Bienen bei Menschen aller Generationen und Kulturzugehörigkeiten wachrufen und sie impulsieren, Bienen in Gärten für Kinder zu beheimaten.

Ein herzliches Dankeschön für die tatkräftige Hilfe bei allen Bienenprojekten sowie die Beratung und Unterstützung beim Erstellen dieses Buchmanuskriptes richten wir an:

Heinz Szmais und *Alexander Gerner*, unsere Bienenväter, die uns und unseren Bienen zwölf Jahre lang mit Rat und besonders mit Tat zur Seite standen. *Thomas Radetzki* und sein Team von «Mellifera e.V.», der Vereinigung für wesensgemäße Bienenhaltung, für den großen Fundus

Männliche Rote Mauerbiene auf Apfelblüte

an Wissen und Können, in welchen wir vorbereitend für dieses Buch Einblick nehmen durften. Thomas Radetzki danken wir besonders für die fachliche Begleitung und Überarbeitung unseres Buchmanuskriptes sowie seine Beiträge, *Morris Barsoum*, unseren Informatiker, für das geduldige Vermitteln seiner Computerkenntnisse und -fähigkeiten sowie die vorbereitenden Arbeiten des Layouts. *Erika Salaw* und *Ulrich Braun* vom Landschaftsmuseum Westerwald, die uns reichhaltiges Material aus ihrer Sonderausstellung «Eine Bienengeschichte» zur Verfügung stellten, *Anna Viola Salaw*, die mit Engelsgeduld das Bildmaterial von sechzehn Jahren ordnete, digitalisierte und auswählte, um dieses Buch zu illustrieren; ihr verdanken wir auch die Zeichnungen in diesem Buch, *Heinz Uhlig* für jahrelange imkerliche Beratung und für die Mitgestaltung des Rezeptteiles in diesem Buch; auch für viele erkenntnisreiche Museumsbesuche mit Imkerthematik in Ostdeutschland, *Mira Reimann*, dem Team und den Kindern der Offenen Ganztagsschule der Freien Waldorfschule Oberberg in Gummersbach für ein ganzes Jahr bienenfleißige Mitarbeit beim bienenfreundlichen Gestalten des Schulgeländes, beim Bemalen der Bienenwohnungen und Gestalten der Honigetiketten, beim Backen und Salbenrühren, beim Schnitzen und Töpfern, beim Herstellen von Wachssternen und -kerzen; besonders aber beim Plastizieren der riesengroßen Burg aus Bienenwachs; *Lea, Neel, Lastenia, Stefan, Tobias, Johannes, Robin, Adrian* und *Dania* für ihre schönen Gemälde und die liebevoll tätige Zuwendung zu den Bienen und ihren Produkten, der *Stiftung*, die uns erlaubte, alte Bienenwohnungen gegen neue auszutauschen und zusätzliche Imkereigeräte zu erwerben; sie fördert auch die Herausgabe dieses Buches. Ein Dank auch an den *Waldorfkindergarten Sapelloh* für die Mitarbeit beim Eltern-Kind-Projekt: «Bau von Insektenhotels», an den *Waldorfkindergarten Hennef* für die Unterstützung des Wildbienenprojektes und die Mitarbeit beim Eltern-Kind-Projekt: «Nisthilfenbau für Wildbienen», an das *Team des Verlags Freies Geistesleben*, Stuttgart, an *Verwandte, Freunde und Nachbarn*, die während der Arbeit an unserem Buch auf uns verzichten mussten und uns ermutigend Beistand leisteten.

Blühende Landschaften, mit Bienen, Hummeln und Schmetterlingen brauchen auch die nachfolgenden Generationen als Lebensgrundlage.

Wie kam es zu diesem Buch?

Die Natur-Kinder-Garten-Werkstatt existiert seit 1994 mit einem großen Teil der Inhalte, wie sie in Anhang 1 beschrieben werden (S. 152 ff.). Immer neue Bereiche kamen hinzu, je nachdem, was unser Ohr am Puls des Zeitgeschehens an Notwendigkeiten wahrnahm. Das hatte sich auch in der Nachbarschaft der Natur-Kinder-Garten-Werkstatt bereits herumgesprochen. Es war im Jahr 1996, als ein Nachbar, der selber seit 1955 Bienen hat, immer wieder mit großer Beharrlichkeit mich davon zu überzeugen versuchte, dass in diesem Naturgarten für Kinder eigentlich nur noch Honigbienen fehlen. Ich hielt dem Imker entgegen: «Der Garten müsste aber viel artenreicher gestaltet werden, so taugt er doch nicht für Bienen. Die müssen schließlich ja auch satt werden.» Ich erahnte zwar, dass Honigbienen eine wichtige Spezies in der Schöpfung sind, auch mochte ich Bienen sehr gerne in ihrer emsigen, zielstrebigen Wesensart. Aber Bienenvölker selber im Garten zu haben, ohne über Imkerfachkenntnisse zu verfügen, war wirklich unvorstellbar. Schließlich gab es auch ohne Honigbienen genug zu tun in diesem vielseitigen, geheimnisvollen Garten. Und wenn man bereits Nisthilfen für solitär lebende Bienen, Hummeln und Wespen entwickelt, die mit kleinen Kindern gebaut werden können, hat man dann nicht schon genug getan für die Insektenwelt in diesem Naturgarten? Wie sollte man außerdem kleine Besucherkinder und Honigbienenvölker, die ja schließlich auch stechen können, unter einen Hut bekommen?

Die Beharrlichkeit meines Nachbarn weckte aber so weit Interesse, dass ich mich zu einem Bioland-Imkerkurs für Einsteiger anmeldete und erste unvergessliche Einblicke in die lebendige Welt der Bienen bekam. Dieses friedliche, emsige Miteinander, diese Organisationsstruktur, diese Verwandlungsprozesse aus den Substanzen der Natur und die hohe Effektivität, mit welcher die Bienen vorgehen – beeindruckend, wirklich sehr beeindruckend! Schließlich durfte ich nach diesem ersten Imker-Schnupperkurs den Bienenvater aus der Nachbarschaft immer wieder bei der Durchsicht seiner Völker begleiten, was natürlich den größten Lerneffekt und großes Staunen mit sich brachte. Gestochen wurde ich dabei nie.

Im Mai 1998 war es dann endlich so weit: Der Nachbar wusste von einer verwaisten Imkerei in der Nähe, wo es zu erschwinglichen Preisen alles das gab, was für den Einstieg nötig war, nämlich

- Bienenwohnungen mit Rähmchen
- Rauchbläser
- Stockmeißel
- Honigschleuder.

Da ich leider recht allergisch auf Bienenstiche reagiere, erwarb ich auch noch eine Schutzausstattung in Form von Hut mit Schleier und Handschuhen. Auch zwei Bienenvölker mit Gesundheitszeugnis aus zuverlässiger Quelle hatte er bereits ins Visier genommen. Diese beiden Bienenvölker beheimatete ich dann im Garten der Natur-Kinder-Garten-Werkstatt und entwickle seither – trotz der mittelschweren Bienengiftallergie – eine wachsende Freundschaft zu Honigbienen; die Anzahl der Völker liegt zwischen zwei und acht. Ein Leben ohne Bienen in diesem Garten ist inzwischen undenkbar geworden. *Langsam entwickelte sich die Einsicht, dass menschliches Leben ohne die fleißige Bestäubungsarbeit unserer kleinen geflügelten Freunde auf Dauer gesehen keine Zukunft hat, weil ohne Blütenbefruchtung die Nahrungsgrundlagen nicht geschaffen werden.* Natürlich gilt das nicht nur für die Menschheit, sondern auch für viele andere Mitglieder eines ausgewogenen Ökosystems. Den Bienen kommt eine wichtige Schlüsselfunktion im Zusammenwirken von Pflanze, Tier und Mensch innerhalb des ökologischen Systems zu.

Und so habe ich die innere Verpflichtung gespürt, das Wissen und die Erfahrungen um diese Zusammenhänge in ermutigender und lebensbejahender Weise an neugierige und begeisterungsfähige Mitmenschen weiterzugeben. Verbunden damit ist meine Vision, dass in naher Zukunft an vielen Orten noch wesentlich mehr kleine und große bienenfreundliche und kindgerechte Naturgärten und -ecken entstehen.

Für gute Erträge sorgen die Bienen mit ihrer Bestäubungstätigkeit bei der Obstblüte. Aber auch Pflege durch Menschenhand ist wichtig.

Adam und Eva hatten bekanntlich bereits Äpfel auf ihrem Speiseplan, wie die Bibel im Alten Testament berichtet. Durch regionale Klima- und Bodenunterschiede und durch die menschliche Kunst des Veredelns entwickelten sich viele Apfelsorten. Es sind aber insbesondere die Bienen, die durch ihre Bestäubungstätigkeit Qualität und Quantität sowie Sortenvielfalt der Obsternte positiv beeinflussen. *Die Blütenbestäubung und damit die Fruchtbildung wird bis zu achtzig Prozent von den Bestäuberinsekten vorgenommen.*

Glücklicherweise liegt die Natur-Kinder-

Links oben: Mit ihrer Betäubungstätigkeit sorgt die Biene auch für die Nahrungsgrundlage des Menschen.

Apfelkuchen backen im Handwerksunterricht der ersten Klasse der Freien Waldorfschule Gummersbach.

Lernen mit allen Sinnen in der Grundschule: 32 alte Apfelsorten werden verkostet und beschrieben.

Diese Apfelköstlichkeit trägt den schönen Namen «Rotes Seidenhemdchen».

Garten-Werkstatt in einer schönen Wald-, Wasser- und Wiesen-Mittelgebirgslandschaft, die noch über viele alte Apfelarten mit einem großen Sortenreichtum verfügt. Rotes Seidenhemdchen und Rabaue, Glockenapfel und Sternrenette, Schafsnase und Paafenapfel heißen sie. 32 Sorten hat der Mitarbeiter der Biologischen Station hier im Oberbergischen Land zusammengetragen und viele davon den Grundschulkindern zum Verkosten, Riechen Fühlen und Bestimmen bei einem Apfeltag zur Verfügung gestellt. Den meisten Kindern war es neu, dass wir Äpfel und damit auch den Apfelsaft, den Apfelkuchen, die Apfelringe und viele andere Apfelköstlichkeiten zum großen Teil auch den Bienen zu verdanken haben. Streuobstwiesen sind ein kleines Paradies für die Bienen und werden hier durch Kooperation von Kommunen und Umweltschutzverbänden wieder ins Bewusstsein gehoben. In Kursen lernt man den pfleglichen Umgang mit diesem Kulturgut. Ein Segen für die Bienen und alle ihre Verwandten!

Für wen ist dieses Buch geschrieben?

In allererster Linie ist dieses Buch natürlich für die Bienen geschrieben, denn sie sind mit ihrer Bestäubungsfunktion unentbehrlich im Ökosystem. Ihrem Wirken verdanken wir Menschen schließlich größtenteils unsere Nahrungsgrundlage. Da wir die Faszination für diese Tiere gerne mit anderen Menschen teilen, entschlossen wir uns dazu, dieses Buch zu schreiben und es anzureichern mit Erfahrungen und der Fachkompetenz anderer Menschen, die sich auch mit Bienen, ihrer Lebensweise und ihrem Umfeld befassen. Erwachsene, die in Kindergarten- und Schulkollegien bzw. in der Familie oder der freien Jugendarbeit Kinder und Jugendliche begleiten und dies mit dem hochinteressanten Thema der Bienen tun möchten, sind die Adressaten, an welche sich dieses Buch richtet.

Was soll mit diesem Buch erreicht werden?

Man bedenke: Honigbienen in der Art, wie wir sie heute kennen, entwickelten sich bereits vor 40 Millionen Jahren auf der Erde. Zeitgleich entstanden auch Blütenpflanzen, die durch die Bestäubungstätigkeit der Bienen sehr schnell in den unterschiedlichen geografischen und klimatischen Regionen weiter verbreitet wurden. – Ist es nicht ungeheuerlich, dass wir Menschen im vergleichsweise winzigen Zeitraum von fünfzig bis hundert Jahren so viel an Lebenskränkung in die Welt hineinbrachten, dass unsere Honigbienen in höchste Lebensgefahr geraten sind?! Schon jetzt ist

An einer naturnahen Außengeländegestaltung erfreuen sich Kinder wie Bienen gleichermaßen.

es so, dass die Honigbienen ohne Hilfe von Imkern und Imkerinnen nicht fortexistieren können, weil wir Menschen sie ihrer Lebensgrundlagen beraubten. Nun, wie wollen wir zukünftigen Generationen ihre Fragen in diesem Zusammenhang beantworten? Bienen, Hummeln und Wespen gehören zu den Bestäuberinsekten und sind aus diesem Grunde von großer Bedeutung in der Natur. Honigbienen sind mit ca. achtzigprozentiger Beteiligung für die Fruchtbarkeit in der Pflanzenwelt zuständig und damit natürlich auch für die Befruchtung unserer Nahrungspflanzen. Ohne Honigbienen würde bereits in naher Zukunft auch die menschliche Nahrungsgrundlage nicht mehr gewährleistet sein.

Das Hauptanliegen dieses Buches ist es aber, bei Kindern und ihren erwachsenen Begleitern *freudiges Interesse* für die Bienen als besonders liebenswerte und respektierliche Mitgeschöpfe zu wecken. Dazu gehört auch, die übertriebene Angst vor Gefahren in der Natur abzubauen, die insbesondere von Erwachsenen auf Kinder übertragen wird. Natürlich gibt es Gefahren in der Natur; diesen begegnet man aber am besten mit kompetentem Fachwissen. So kann man sich als aufgeklärter, emanzipierter Mensch verantwortungsbewusst in eine faszinierende und beschützenswerte Mitwelt hineinstellen, Wege einschlagend, die nicht im traditionellen Sinne zurück zur Natur, sondern *mit innovativem Bemühen vorwärts mit der Natur gehen und sich nicht gegen sie wenden.*

2. Wildbienen – ein Blick in die faszinierende Lebenswelt der Hautflügler

von Gudrun Obermann

Nur wenige kennen «Wildbienen», eher ist uns die Honigbiene (Apis mellifera) als emsige Nektar- und Pollensammlerin bekannt. Wildbienen gehören neben den Honigbienen und Hummeln zu der Familie der Bienen (Apidae). Bei der Bezeichnung «Wildbiene» denkt man vielleicht an «wilde bzw. verwilderte Tiere» oder Vorfahren unserer bekannten Honigbiene.

Die Wildbienen machen etwa 93 Prozent unserer heimischen Bienenarten aus und leben als sogenannte «Solitärbienen» oder Einzelgänger (Solisten). Das heißt: Nur sieben Prozent unserer heimischen Bienenarten sind in Sozialstaaten wie bei der Honigbiene (Apis mellifera) organisiert, in denen es für jedes einzelne Tier des großen Bienenvolkes bestimmte Aufgaben gibt. Jede Biene im Sozialstaat kann mit den Stockbienen, d.h. mit über 50.000 Bienen des Bienenstaates, Absprachen treffen und so von neuen Futterquellen erfahren, indem sie über eine Tanzsprache miteinander kommunizieren. Danach starten sie, um neue Pollen oder Nektar zu sammeln.

Früh blühende Pflanzenarten wie Primeln und Weiden sind unverzichtbare Nektar-Pollen-Inseln für Solitärbienen.

Dies kann die Solitärbiene nicht, sie ist auf sich selbst gestellt. Sie lebt nicht wie die Honigbiene in einem Sozialstaat mit vielen anderen Bienen (Königin, Arbeiterinnen, Drohnen) zusammen, sondern in einzelnen Bodennestern, in Holz- oder Steinritzen, in

◄ Die Rotschopfige Sandbiene nistet meist einzeln oder in kleinen Kolonien auf Trockenrasen, in Gärten, an Wegrändern, auch mitten in Städten.

◄◄ Graue Sandbiene auf Apfelblüte

Rotpelzige Sandbiene auf Kirschblüte

Pflanzenstängeln, menschlichen Nisthilfen oder Schneckenhäusern. Sie selbst ist Königin, Mutter, Futterbiene, Arbeiterin, Baubiene und Bestäuberin zugleich.

Die einzelnen Wildbienen kommunizieren nicht untereinander und gehen nicht auf gemeinsame Futtersuche.

Wildbienen besuchen vor allem Blütenpflanzen, die verstreut in der Landschaft vorkommen. Sie sammeln Pollen und Nektar von vielen unterschiedlichen Blüten ein, oder sie haben sich auf eine oder wenige Blütenarten spezialisiert. Die meisten dieser Wildbienenpflanzen kommen an einem Standort nur in kleiner Anzahl vor, die für die sammelfleißigen Honigbienen nicht ertragreich genug wären. Die Wildbienen suchen häufiger die heimischen Wildkräuter (einzelne Obstbäume) mit kleineren Trachten auf, während die Honigbiene meist Massentrachten (Obstbaumplantagen, Waldränder, Rapsfelder u.a.) aufsucht.

Wildbienen sind regelmäßig auch in Großstädten (z.B. in Blumenkübeln, Staudenbeeten, Vorgärten) anzutreffen. Man kann sie leicht anlocken und ansiedeln, indem man ihnen geeignete Nistplätze anbietet und Futterpflanzen in der Umgebung anpflanzt.

Da die über 500 verschiedenen Wildbienenarten unterschiedliche Flugzeiten vom Frühjahr bis zum Herbst haben, kann man sie fast ganzjährig beobachten und durch entsprechende Trachtpflanzen und Nistplätze ansiedeln.

Die Verwandten der Bienen und ihre wichtige Rolle in der Natur

Bienen, Wespen und Ameisen gehören zu der artenreichen Ordnung der Hautflügler (Hymenoptera). Sie alle gehören zu der Gruppe der Insekten.

Von der Ordnung der Bienen ist die Honigbiene (Apis mellifera) bei uns am populärsten. Unbekannt sind eher die Wildbienen, obwohl sie den größten Anteil aller heimischen Bienenarten ausmachen. Es gibt neben der Honigbiene über 500 weitere einheimische Bienenarten.

Typisch für alle Hautflügler (Bienen, Wespen und Ameisen) ist die tiefe Schnürung zwischen Brust (Thorax) und Hinterleib (Abdomen), die sogenannte «Wespentaille», die bei allen drei Gruppen vorzufinden ist. Nur bei den Ameisen findet man noch zusätzlich kleine knötchenförmige Verdickungen an der Taille.

Bei den Bienen und Wespen unterscheiden wir zwischen sozialen und einzeln lebenden Formen. Sie leben in Staaten bzw. Völkern und als Einsiedler bzw. Solitäre in besonderen Nestern (Liniennester) in unterschiedlichen Lebensräumen.

So gibt es bei den Bienen die Bienenstaaten, zu denen die Honigbiene gehört, und die solitären Wildbienen. Wespen bilden ebenfalls Wespenstaaten, zu denen die heimische Deutsche Wespe (Vespula germanica) und die Hornisse (Vespa crabro) gehören. Beide werden zur Familie der Papierwespen gerechnet, die stets einjährige Nester aus papierartigen Holzfasern zu stattlichen, palastartigen Gebilden bauen können.

Solitäre Wespen bilden wie die Wildbienen eigentümliche Liniennester. Zwischen den beiden Lebensformen gibt es vielfältige Zwischenformen und Übergänge.

Die Ameisen leben zumeist in dauerhaften, sozialen Lebensgemeinschaften. Bei ihnen gibt es meist eine eierlegende Ameisenkönigin und viele Arbeiterinnen, die mit unterschiedlichen Aufgaben vertraut sind.

Gemeinsam ist den Bienen, Wespen und Ameisen ein Giftstachel bei den weiblichen Tieren, der bei den Ameisen sowie den Wildbienen stark reduziert vorkommt. Auch besitzen alle drei Tiergruppen zwei Paar Flügel, die von den Ameisen zumeist abgeworfen werden.

Das Material für ihre Nester suchen sich Papierwespen auch an Pappkartons.

Deutsche Wespe und ihr Papiernest

Die weiblichen und männlichen Ameisen tragen Flügel zur Paarungszeit (Hochzeitsflug, Nestneugründung). Danach sterben die Männchen ab. Die weiblichen Tiere werfen an vorgegebenen Bruchstellen ihre Flügel ab.

Hornissen gelten als besonders bedrohte Art und stehen unter Naturschutz. Sie können stockwerkartige Papierpaläste bauen.

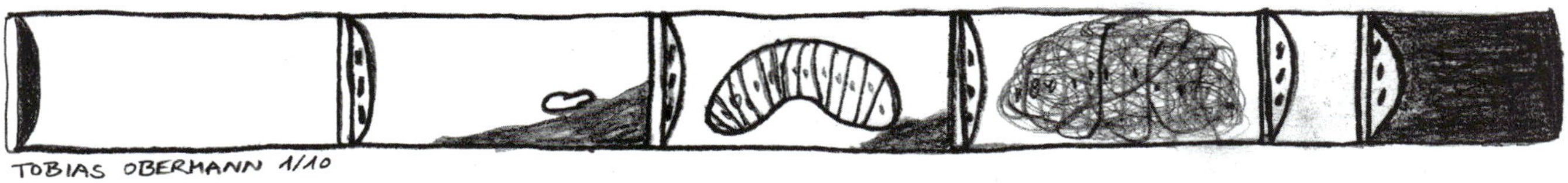

Entwicklungsstadien in einem Liniennest von innen nach außen: leere Kammer, Ei, Raupe, Puppe, leere Kammer, Nestverschluss.

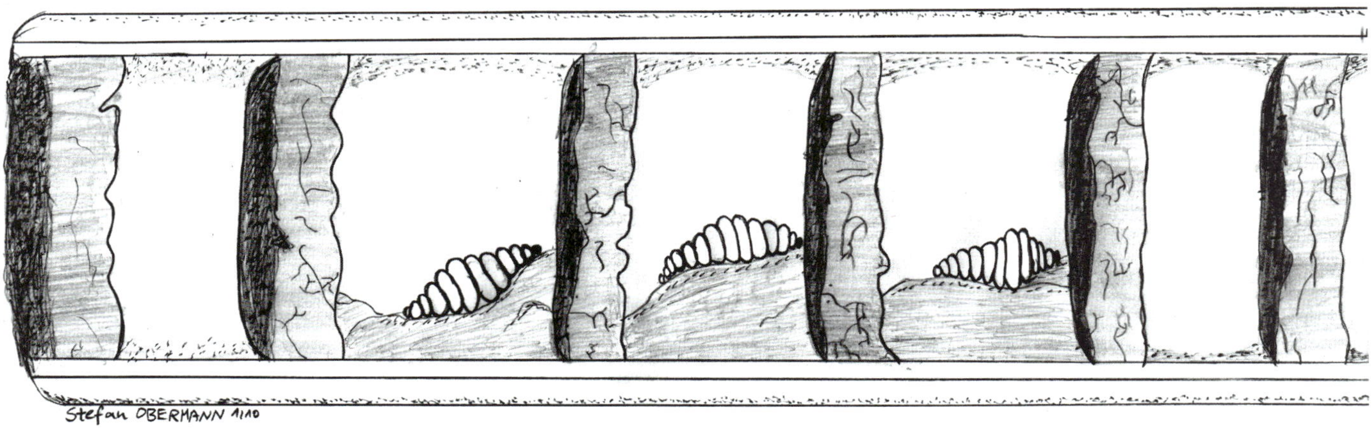

Im Liniennest befindet sich in jeder Kammer Futtervorrat aus Pollen und Nektar für die bereits geschlüpften Wildbienenlarven.

Die Rote Mauerbiene sammelt als «Bauchsammlerin» den Pollen mit ihrem Haarpelz am Bauch.

Rotschopfige Sandbiene auf einem Gänseblümchen.

Der Körperbau einer Wildbiene ähnelt dem Bau einer Honigbiene stark. Manche Hautflüglerarten sind sich allerdings so ähnlich, dass man sie nur mit dem Mikroskop unterscheiden kann. So sind manche Wildbienenarten kaum von Wespen, Ameisen oder der Honigbiene zu unterscheiden.

Beim Beobachten der Tiere fällt auf, dass die *Ernährungsweise* der größte Unterschied zwischen den Tieren darstellt: Während sich *Bienen* vorwiegend mit Pollen und Nektar *(Vegetarier)* versorgen, jagen *Wespen* eher räuberisch nach kleinen Insekten *(Fleischfresser)*. *Ameisen* sind je nach Art Pflanzen- sowie Fleischfresser.

Der größte Unterschied der Bienenarten liegt im Aufbau des *Pollensammelapparates*. Während die Honigbiene die pflanzlichen Blütenpollen in sogenannten Höschen an den Hinterbeinen transportiert, sind die meisten Wildbienen mit einer Bauchbürste ausgestattet, an der die Pollen haften. Daher werden sie *«Bauchsammlerinnen»* genannt. Einige Wildbienen verfügen auch wie die Honigbiene an den Beinen über Haare, die eine Sammelbürste oder Sammellocke darstellt. Oft wird der Pollen bei den Wildbienen auch über ihren ganzen Körper eingesammelt *(Ganzkörpersammler)*.

Ohne die Bienen, Hummeln und Wespen könnten sich unsere Blütenpflanzen nicht so gut vermehren und keine leckeren Früchte ausbilden, z.B. Brombeeren, Himbeeren, Birnen, Äpfel u.a. Der Wind allein schafft es nicht, die vielen Blüten zu bestäuben, und so würde unter Umständen die Obsternte recht mager ausfallen. Die blütenbesuchenden Insekten sind notwendig für die Bestäubung unserer Blüten und Nutzpflanzen.

So wie vor allem die Bienen zu den klassischen *Blütenbestäubern* gehören, kommt den Wespen als Räuber hauptsächlich die wichtige Funktion der *biologischen Schädlingsbekämpfung* zu. Sie vertilgen vorwiegend Insekten, darunter auch Schädlinge. Daher sind beide Tiergruppen wichtig für den Naturhaushalt und bedürfen der Pflege und der Beachtung.

Mit dem Betrachten der Wildbienen möchten wir zunächst *das Staunen des kleinen Kindes* und der Betrachter fördern, ohne dabei vielerlei fachliche Erklärungen zu geben. Oft werden die Kinder durch den rein fachlichen Beitrag über Wildbienen, deren Lebensweise, Futterpflanzen usw. von dem eigentlichen Erleben, wie sie es selbst haben können und für sich brauchen, abgehalten. Bei der Begegnung mit Wildbienen geht es vor allem anfangs um das Beobachten, Entdecken und Staunen.

Man braucht auch nicht in die Ferne zu reisen, denn direkt vor der eigenen Haustür kann man seine Naturentdeckungsreise in eine interessante Tier- und Pflanzenwelt beginnen. Schon leicht lassen sich Beobachtungen an heimischen Tieren durchführen, um den Kindern die Freude an der Natur und den friedvollen Umgang mit ihr zu vermitteln. So sind Wildbienen besonders dazu geeignet, da sie sehr friedliebende, ruhige Tiere sind. Sie besitzen nur einen winzigen Stachel, der die menschliche Haut nicht durchdringen kann. Ihr Stachel ist so zart, dass sie kleinen Kindern nichts zuleide tun können. So kann man den friedlichen Umgang mit der Natur erüben und erlernen, ohne den Kindern und den anderen Betrachtern Angst zu machen. Die Arbeit im Kleinen – Naturschutz vor der eigenen Haustür, Terrasse, Garten, Balkon, Kindergarten, Schule, städtisches Grün – soll Freude machen.

Durch diese Freude und Begeisterung für die kleinen und «unwichtigen» Dinge in der Natur soll eine Nähe zur heimischen Tier- und Pflanzenwelt aufgebaut werden. Gerade kleine Kinder möchten die gleichen Erlebnisse vor Ort erleben und gar nicht weit wegfahren. Sie wollen immer wieder an bekannte Stellen zurück, die sie kennen, um dort wieder «das Gleiche» und Gewohnte zu erleben, was sie wiedererkennen. Sie lieben ihre «bekannten Stellen» und Spielplätze. Das bringt ihnen Sicherheit und Vertrauen, wodurch sie lernen und schöpfen können.

Kleine, einfache Dinge, die jedermann und jedes Kind nachbauen kann, schaffen Verbindungen zu der Welt, die wir lieben. Erst dann kann man auch über weitere Einblicke in die vielen Verbindungen, speziellen Eigenarten der Tiere, insbesondere der Honigbiene, das Verständnis für den Naturschutz und seine Umwelt aufbauen, fördern und sichern. Durch vielfältige und schnell durchschaubare Vorgänge können ein besseres Verständnis und vor allem die Liebe zur Natur, seiner Heimat, Umgebung und zum Naturverständnis geschaffen werden.

Das richtige Verhalten beim Umgang mit Wildbienen

Wenn sich eine Wildbiene im Haus verirrt hat, sollte man sie mit einem Glas und einem Papier fangen und ins Freie lassen.

Hat sich eine Wildbiene vor der Haustür in einer Ritze oder Höhlung eingenistet, sollte man nicht gleich das Loch zerstören. Wenn möglich, bis zum nächsten Jahr warten und die Biene ausschlüpfen lassen. Dann kann man die Ritze mit Gips oder Ähnlichem selbst verschließen und abdichten. Um den Wildbienen ein eigenes Zuhause anzubieten, kann man an einem geschützten, sonnigen Standort eine Nisthilfe aufstellen (Anleitung siehe S. 24 ff.). Dort können sie ungestört ihre Nester anlegen, nisten und Beobachtungsobjekte für den Tierliebhaber werden.

Grundsätzlich gilt: In der Nähe der Nester von staatenbildenden Arten wie der Honigbiene, der Hummel und der Wespe sollte man sich ruhig verhalten. Auf starke Duftstoffe oder Parfüms reagieren die Tiere sehr empfindlich. Auch besondere Vibrationen sowie Erschütterungen durch das Rasenmähen sollte man in Nestnähe unterlassen. Die Tiere sind hier angriffslustiger, da sie eine Bedrohung für ihr Leben und ihr Volk annehmen.

Die Honigbiene, die Hummel und die Wespe können mit ihrem Stachel die Haut des Angreifers durchbohren und mit ihrem Gift verletzen. Die Honigbiene kann ihren Stachel nur einmal im Leben einsetzen, da ihr Stachel mit mehreren Widerhaken besetzt ist und so in der Haut des Angreifers stecken bleibt – sie stirbt danach. Hummeln und Wespen können öfter stechen, da ihr Stachel kaum Widerhaken besitzt. Die Gifte der Bienen- und Wespenarten sind ähnlich, fast identisch. Reagiert ein Mensch allergisch auf dieses Gift, sollte er sofort ärztliche Hilfe aufsuchen. Auch wenn man im Mund- oder Rachenraum gestochen wird, sollte man den Arzt aufsuchen.

In allen anderen Fällen sollte man zunächst den Stachel entfernen. Zur Behandlung der lokalen Schwellung nach Insektenstichen empfiehlt es sich, eine frisch geschnittene Zwiebel, die entzündungshemmend wirkt, auf die betroffene Stelle zu drücken. Außerdem hilft es in den meisten Fällen, die Haut mit Eis oder einem kalten Lappen zu kühlen.

Wildbienen sind im Übrigen ungefährlich. Ihr Stachel ist viel zu zart, um die menschliche Haut zu durchdringen, und selbst in Nestnähe sind sie friedlich und harmlos. Daher kann man sie aus nächster Nähe an ihren Schlupflöchern beobachten und ansehen, ohne von ihnen gestochen oder angegriffen zu werden.

Hotels für Wildbienen – Orte, an denen man schauen und entdecken kann

Wir wollen für die Wildbienen Wohnungen bauen. An Aktions- oder Werktagen im Kindergarten, in der offenen Ganztagsschule oder der Grundschule kann man mit Kindern und Eltern Nisthilfen für Wildbienen bauen.

Verschiedene Vorbereitungen müssen dafür durchgeführt werden. Neben der Beschaffung des Nistmaterials – hartes Astholz (Buche, Birke, Eiche, Kirsche, Apfel), hohle Pflanzenstängel (Riesenknöterich, Brennnessel, Brombeeren, Iris, Forsythie, Stroh), Lehm und Gips – beachten wir auch die Auswahl der Handwerksgeräte. Wir benötigen viele Handbohrer in verschiedenen Dicken (Durchmesser: 3 – 8 mm), Schleifpapier, Scheren, Astscheren, Bänder und Draht.

Kinder brauchen gute Werkzeuge. Je vielseitiger sie ihnen zur Verfügung stehen, umso besser und abwechslungsreicher können die Kinder sie einsetzen. Dabei probieren sie ihre eigenen Fähigkeiten aus und testen ihr Können. Einen Handbohrer in das Holz zu bohren ist schon ziemlich anstrengend und erfordert auch viel Geschicklichkeit, Kraft und Ausdauer. Daher müssen die Eltern oder Erzieher die Geräte mit auswählen und das Kind beraten und unterstützen. Auch an dieser Stelle möchte ich nochmals darauf hinweisen,

dass Kinder durchs Ausprobieren lernen. Je häufiger sie dabei eine positive emotionale Erfahrung machen, umso fester wird sie sich im Gehirn einprägen und die aktiven Erregungsmuster bahnen.

Die größeren Kinder benutzen auch gerne einen großen Handholzbohrer, mit dem durch kurbelnde Bewegungen Löcher in die Holzstücke gebohrt werden.

Gerne werden die Hölzer anschließend mit dem Schleifpapier behandelt. Später können die Kinder mit farbigen Wachsmalstiften ihren individuellen Nistplatz bemalen. Die Kinder haben sich ihr eigenes Bienenhotel geschaffen und richten es freundlich auch für die Bienen her. So entsteht eine positive Verbindung zwischen den Bienen und den Kindern im Garten.

Wenn die Hotels an einem geschützten und sonnigen Ort auf der Fensterbank oder am Gartenhäuschen angebracht werden, bieten sie den Kindern einen Ort des Beobachtens und Entdeckens. Die Wildbienen sind sehr harmlose Gesellen. Selbst in unmittelbarer Nestnähe lassen sie sich beobachten. Sie sind so emsig mit dem Eintragen der Pollen und des Nektars beschäftigt, dass sie sich durch das Schauen der Kinder nicht ablenken oder unterbrechen lassen. Auch den Kindern kann in der Nähe der Nisthilfen nichts passieren. Der Stachel der Solitärbienen ist so zart, dass er die menschliche Haut nicht durchdringen kann.

Jeder tut, was er kann: Feine Hohlstängel werden in eine Riesenknöterichröhre gesteckt.

In verschieden großen Hohlstängeln (2–10 mm) können unterschiedliche Wildbienenarten nisten.

Die gebündelten Pflanzenstängel werden an einem geschützten, sonnigen Ort angebracht.

Mit dieser Nisthilfe wird eine Kombination aus allen Möglichkeiten vorgestellt.

Hohle Pflanzenstängel:
Solitäre Bienen benötigen Niströhren, in denen sie ihre Brutzellen anlegen. Dabei sind die Ansprüche an das Material (Holz, Pflanzen, Lehm, Stein) artspezifisch. Zum Teil graben sie sich ihre Nistgänge selbst im Boden oder benutzen bereits vorhandene Löcher, z.B. Mauer- oder Erdritzen, hohle Pflanzenstängel oder verlassene Käferfraßlöcher im Holz, in alten Baumstümpfen oder Nisthilfen. Sie benutzen diese Röhren, um ihre Brutzellen hintereinander zu bauen, d.h. darin Eier und Futter für die Larven abzulegen.

Es gibt verschiedene Möglichkeiten gute Nisthilfen für Solitärbienen anzufertigen. Um möglichst viele Wildbienenarten anzulocken, sollte man bei den Einzelnisthilfen nach variablen und vielfältigen Formen suchen. Wir richten uns dabei auch nach der Lebensweise der Wildbiene.

Für die einfachste Nisthilfenvariante benötigt man unterschiedlich hohle Pflanzenstängel.

Die hohlen, vertrockneten Stängel können von verschiedenen Pflanzen stammen: Ampfer, Brennnessel, Brombeere, Distel, Forsythie, Holunder oder Strohhalme. Man sammelt die Stängel im Herbst oder Frühjahr, sobald sie vertrocknet sind. Die Stängeldurchmesser sollten dabei zwischen 2 und 10 mm variieren. Alle Pflanzenstängel werden auf die gleiche Länge gekürzt (mindestens 10 cm) und anschließend alle inneren Pflanzenwände (Knoten) mit einem Draht oder Bohrer durchtrennt, damit offene

Röhren von ca. 10 cm Länge entstehen. Der Bohrstaub sollte entfernt werden. Nun werden alle Stängel gebündelt und dabei möglichst die geraden Enden an einer Seite ausgerichtet. Die andere Seite der Stängel sollte man am Ende mit Lehm, Gips oder Mörtel verschließen. In manchen Fällen kann man die Stängel so anschneiden, dass die natürlichen Knoten im Stängel als Verschluss an einer Seite dienen.

Nun sind der Fantasie keine Grenzen mehr gesetzt, wie man die vorbereiteten Stängel verpackt und für die Wildbienen anbringt.

So können unterschiedlich dicke, hohle Pflanzenstängel zu Bündeln zusammen gefasst und an einem Band in Süd-Ost-Ausrichtung wind- und regengeschützt aufgehängt werden. Man sollte aber darauf achten, dass die Bündel frei zugänglich für die Wildbienen sind und nicht hin und her wackeln. Stellt man im nächsten Jahr fest, dass einige Stängel unbewohnt sind, kann man sie vorsichtig austauschen. Für die neuen Stängel sollten die Durchmesser gewählt werden, die am beliebtesten bezogen wurden.

Hohle Pflanzenstängel in Kombination mit Ziegelsteinen oder Lehm:

Außerdem können die unterschiedlich dicken Stängel in einen Ziegelstein oder eine Lehmwand gesteckt werden, aus denen sie waagerecht nach vorn geöffnet ausgerichtet werden. Alle Stängelenden

Hohle Pflanzenstängel werden in den feuchten Lehm oder einen Ziegelstein gesteckt.

können am hinteren Ziegelende mit einer Lehm- oder Gipsschicht versiegelt werden. Die Stängel können so nicht mehr verrutschen und sind gut wind- und wettergeschützt. Als Dach kann man mit Rinde die überstehenden Stängel vor Nässe schützen. Das Rindenstück sollte man mit Gips oder Mörtel am Ziegelstein befestigen. Nun kann man ihn an einer sonnigen Stelle waagerecht aufstellen.

Die Pflanzenstängel sollte man niemals säubern, da die meisten Tiere selbst das Putzen übernehmen. Werden manche Stängel nicht angenommen, kann man sie sorgfältig gegen andere Halme austauschen.

In den hohlen Pflanzenstängeln nisten vorwiegend Blattschneider- und Mörtelbienen, Maskenbienen, Mauerbienen sowie Löcherbienen.

Niststeine:

Aus tonhaltiger Erde oder Töpferton kann man einen Block formen, der eine Tiefe von ca. 10 cm besitzt. Mittlerweile gibt es in Bastelläden auch selbsthärtenden Ton, der an der Luft ohne einen Brennofen trocknen kann. Man kann nach Belieben eine Figur, Gestalt, ein Haus oder Ähnliches modellieren; wichtig ist, dass man bis zu 10 cm tiefe, waagerechte Löcher in den Ton bohren kann. Anschließend werden in den feuchten Ton mehrere waagerechte Löcher mit Holzstäbchen, die einen Durchmesser von 2 bis 10 mm besitzen, bis zu 10 cm tief in den Tonblock gebohrt. Der Ton wird an der Luft getrocknet oder kann anschließend im Ofen gebrannt werden. Die Nisthilfe wird wie die anderen an einem sonnigen, trockenen Platz aufgestellt.

Hier siedeln sich gerne Blattschneiderbienen, Mauerbienen und Wollbienen an.

Nisthilfen bauen macht Spaß.

Aus Töpferton kann jedes Kind seine individuelle Nisthilfe herstellen.

In den feuchten Lehm-Stroh-Block werden verschiedenen große Löcher gebohrt.

Lehm-Stroh-Block:

Aus einer Mischung von Lehm und gehäckseltem Stroh (3:1) kann man einen Block in der Größe 10 x 10 x 10 cm formen. Der Block kann nach eigenem Empfinden eine individuelle, rundliche Form erhalten. Mit Dachpappe oder einem Stück Rinde

Holzblöcke aus heimischen Holzarten (Hartholzblöcke, z.B. Ahorn, Birke, Obstbäume) werden von Bienen als Nistplatz genutzt.

(14 x 14 cm) kann man ein Dach für den Lehmblock errichten und ihn so gegen Regen schützen. In das Dach wird mit einem Bohrer ein kleines Loch gebohrt, durch das man in der gleichen Dicke einen Holzstock führt. Dieser Stock wird auf den Lehm-Stroh-Block aufgesetzt. Waagerechte Löcher können nun in unterschiedlichen Durchmessern von vorne in den Block gebohrt werden. Der Lehm trocknet an der Luft. Beim Aufstellen dieser Nisthilfe achte man darauf, dass die Bohrlöcher für die Wildbienen zugänglich sind.

Die Lehm-Stroh-Mischung kann auch in einen Holzkasten (10 cm Tiefe) gefüllt werden. Vor dem Antrocknen des Lehms müssen die Löcher für die Wildbienen wie oben beschrieben gebohrt werden.

In der Lehm-Stroh-Mischung finden Maskenbienen, Pelzbienen und Sandbienen ein neues Zuhause.

Holzblöcke:

Aus Baumscheiben, Totholz, dicken Brettern und getrocknetem Astholz lassen sich Nisthilfen herstellen, indem man mit unterschiedlich dicken Bohrern gerade Löcher in das Holz bohrt. Die Gänge sollten möglichst waagerecht angebracht werden und unterschiedliche Durchmesser (von 2 bis 10 mm) besitzen, damit verschiedene Wildbienenarten einen Unterschlupf finden können. Es empfiehlt sich, überwiegend Löcher im Durchmesser von 3 bis 6 mm zu bohren. Das Holz sollte am besten aus Hartholz (Eiche, Buche, Birke, Ahorn, verschiedene Obstbaumhölzer) sein, da die Bohrgänge glatter sind und nicht ausfransen. Das erleichtert den Nestbau der Insekten. Die Länge der Bohrungen sollte bis zu 10 cm betragen – je länger, desto mehr Brutzellen entstehen. Das Ende der Bohrgänge muss verschlossen bleiben. Daher ist es ratsam, mit dem Bohrer das Holz an der Rückseite nicht zu durchbohren. Die Bohrabstände zu den einzelnen Löchern sollten ca. 2 cm betragen.

Der ideale Standort für das Holzbienenhotel ist ein sonniger, wind- und regengeschützter Platz in Süd-Ost-Ausrichtung. Im Holz siedeln sich gerne Blattschneider- und Mörtelbienen, Mauerbienen, Pelzbienen so wie Holzbienen an.

Mit dem Aufstellen aller vorgestellten Wildbienen-Nisthilfen sollte man im März bis April beginnen. Wildbienen sind äußerst standorttreu, das heißt, sie nisten und siedeln dort, wo sie selbst geschlüpft sind. Auch benutzen sie die gleichen Nisthilfen wiederholt. Durch ein erweitertes Nisthilfenangebot kann man so die Wildbienenpopulation vermehren. Die Gänge werden vor jeder Brut von den Wildbienen gesäubert, damit neue Eier gelegt werden können. Auch im Winter bleiben die Nisthilfen draußen, ansonsten würden die Wildbienen im Warmen frühzeitig aus dem Nest schlüpfen und ohne natürliche Futterquellen sterben.

Ein hölzernes Wildbienenhotel kann man zum Insektenhotel erweitern:
Wird ein großes Wildbienenhotel als Nistwand aus Holz und Lehm angelegt, kann man die Pflanzenstängel und alle anderen Elemente in kleinen Holzfächern mit einer Einschubtiefe von ca. 10 cm integrieren und anordnen. Dabei sollten die Stängelenden mit Lehm oder Gips versiegelt sein. Die vorderen Stängelabschnitte sollten möglichst gerade abgeschnitten werden. Es finden sich umso mehr Wildbienenarten ein, je reichhaltiger das Blütenangebot ist und je vielseitiger die Nisthilfen errichtet werden.

Mit einem großen, hölzernen Wildbienenhotel kann man einer Vielzahl verschiedener Bienenarten Nisthilfen anbieten und dabei deren Lebensweise gerecht werden. Mittlerweile kann man unterschiedliche Elemente und Kammern einbauen, sodass auch für andere Tierarten wie Florfliegen, Schmetterlinge, Marienkäfer, Ohrwürmer u.a. ein artgerechter Lebensraum geschaffen wird. So entsteht ein multifunktiona-

Die Rote Mauerbiene baut ihre Liniennester in Hartholzblöcken und hohlen Pflanzenstängeln.

Oben: Wir bauen Nisthilfen aus vielen natürlichen Materialien und üben den Umgang mit verschiedenen Handwerkszeugen.

Rechts: Um Kindern schnell einen «Einblick» in das Brutgeschehen bei Wildbienen zu geben, kann man eine Glasröhre (ø 6 mm) in den Stängelbund oder Ziegelstein mit einbinden. Das Ende sollte mit Watte verschlossen werden.

Die Gehörnte Mauerbiene benötigt lehmige Erde für das Bauen ihrer Nistwände.

les Insektenhotel für viele weitere Tierarten. Diese Tierarten tragen kostenlos zur «biologischen Schädlingsbekämpfung» bei und helfen das ökologische Gleichgewicht zu wahren.

Bienen an ihren Nistplätzen erleben und erfahren

An den geeigneten Nistplätzen kann man viele Beobachtungen machen und Unterschiede zwischen Bienen und Wespen feststellen.

Haben sich solitäre Wespen neben Bienen im Hotel angesiedelt, kann man beobachten, dass Wespen in die Niströhre ein Ei legen und anschließend ihr Beutetier (Raupe, erlegte Käfer, Mücken) direkt in ihr Brutnest eintragen. Die vegetarisch lebenden Wildbienen dagegen tragen nur Pollen und Nektar in die Brutröhre. So kann man am Futter ganz offensichtlich die Bewohner des Hotels unterscheiden. Bei der Rückkehr der Wildbienen sind die am ganzen Haarkleid hängenden vielen Blütenpollen auffällig. Sie werden von der Biene mit ihren Beinen in die Brutröhre gefegt und dienen als Futterquelle der Larven. Bemerkenswert ist auch, dass trotz ähnlicher Röhreneingänge alle Solitärinsekten ihre eigene «Haus- bzw. Zimmertür» wiedererkennen und unterscheiden können.

Wildbienen kriechen kopfwärts in die Röhre, wenn sie Nektar in den Gang tragen. Auch für das Anlegen von Zwischenwänden im Gang transportieren sie kopfwärts ihr Wandmaterial (Sand, Lehm, Steine, zerkleinerte Blattstücke oder Harz) in die Röhre. Dadurch entstehen Zellen in hintereinander angelegten Linien, in denen das hineingelegte Ei einzeln heranreifen kann. Rückwärts, d.h. mit dem Po zuerst, betreten Wildbienen ihre Gänge, wenn sie ein Ei legen oder den Pollen von ihren bauchwärts liegenden Bürsten abstreifen. Nachdem eine Kammer mit Pollen, Nektar (bzw. bei Wespen mit Beutetieren) und einem Ei gefüllt sind, beginnt die Biene mit dem Aufbau der Zwischenwand.

Auf die Rückwärtsbewegungen bei der Eiablage warten auch einige parasitär lebende Wespenarten, die als Wildbienenparasiten darauf lauern, ihre Eier in die Nester der Wildbienen zu legen. Sie beobachten die Biene so lange und warten, bis sie rückwärts in den Gang klettert, um ihr Ei abzulegen.

Haben die Wespen die Rückwärtsbewegung der Wildbiene beobachtet, werden sie selbst tätig, um ihr Ei in die Brut der Biene abzulegen. Die Larve, die aus dem Wespenei schlüpft, kommt vor der Wildbiene zur Welt, frisst die geschlüpfte Wildbienenlarve und ernährt sich von dem Pollen und Nektar im Nest.

Das Ende der Röhren wird von allen Solitärinsekten mit dem gleichen Material verschlossen, das sie zum Errichten der Zwischenwände verwendeten.

Die Nestverschlüsse lassen z.T. Rückschlüsse auf die Bienen- oder Wespenart zu. Die häufigen Mauerbienen benutzen Lehm, Sand oder einen Mörtel aus kleinen Pflanzenteilen als Nestverschluss. Harz und Steine werden von Löcherbienen als Verschlussmaterial verwendet. Kleine Blattstücke benutzen Blattschneiderbienen, um ihr Nest zu verschließen.

Wenn eine Röhre am Ende mit einem natürlichen Nestverschluss aus unterschiedlichen Materialien (Lehm, Pflanzenmaterial, Harz) verschlossen wird, muss man in den meisten Fällen bis zum nächsten Frühjahr warten, bis die nächste Bienengeneration aus den Röhren schlüpft. Im Fall der Mauerbiene schlüpfen zunächst die Männchen aus den vorderen Nestern, während die Weibchen einige Tage später aus den hinteren Zellen schlüpfen. Nach der Paarung beginnen die befruchteten Weibchen wieder an Röhren neue Nester anzulegen. Der Kreislauf beginnt von Neuem.

Die Dunkle Erdhummelkönigin ist eine der ersten Blütenbesucher im Jahr.

All diese Beobachtungen kann man direkt vor seiner Haustür machen, wenn man aus einfachen Materialien ein Bienenhotel gestaltet.

Hummeln

Hummeln werden von Kindern geliebt und verehrt. Sie wirken so freundlich und harmlos, wenn sie sich im Vorfrühling aufmachen, um ihre ersten Flüge aus dem beendeten Winterschlaf zu machen.

Die Kinder staunen und beobachten

Die langrüsslige Gartenhummel zeigt sich erst zwischen April und Mai.

Die dichte Behaarung der solitären Pelzbiene erinnert an Hummeln.

gespannt die brummenden Königinnen. Sie hocken im Garten und lauschen dem Brummen der tief fliegenden Hummeln.

Hummeln sind friedfertige, harmlose und freundliche Insekten. Sie gehören wie die Honigbiene und die solitäre Pelzbiene zur Familie der Bienen.

Mit ihrem dichten Pelzkleid sind sie gut vor der Kälte geschützt und können schon im zeitigen, kühlen Frühjahr erwachen und zur Futtersuche aufbrechen. Hummeln leben vorwiegend in kühleren Regionen der Erde. Sie können ihre Flugmuskulatur in der Brust von den Flügeln ablösen und diese wie eine innere Heizung im Leerlauf arbeiten lassen. Die Brustmuskulatur sorgt dafür, dass die Hummel von innen aufgeheizt wird und sie dann durch Einhaken der Flügel zum Flug starten kann. Wegen ihres langen Haarpelzes wirken die Hummeln oft plump, langsam und behäbig. Kinder mögen sie gern, weil sie so putzig und gemütlich aussehen. Manche Kinder überwinden sogar ihre Angst und streicheln bei kühlem Wetter eine träge Hummel am Rücken. Hummeln machen nur selten von ihrem Stachel Gebrauch. Nur wenn man sie einklemmt und festhält, wird sie ihn einsetzen. Auch bei wiederholter Störung in Nestnähe können sie wütend werden. Im Allgemeinen kann man sagen, dass Hummelstiche für Nichtallergiker genauso ungefährlich sind wie der Stich einer Wespe, Hornisse oder Honigbiene.

Steinhummel an Schnittlauchblüte.

Wiesenhummeln haben leuchtend orange Streifen an Vorder- und Hinterleib.

Schon in den ersten Vorfrühlingstagen (Anfang März) erwachen die tief fliegenden und brummenden Hummelköniginnen aus ihrem Winterquartier, das meist einige Zentimeter unter der Erdoberfläche liegt. Sie suchen frühblühende Nektar- und Pollenspender auf, z.B. Weiden, Krokusse, Schneeglöckchen, Winterling und Lungenkraut. Anschließend halten sie Ausschau nach geeigneten Nistplätzen. Dazu untersuchen sie Hohlräume im Boden, Löcher in Bäumen, alte Vogelnistkästen, alte Mauselöcher im Erdreich oder angebotene Nistkästen. Die meisten Hummelarten beziehen sowohl unter- als auch oberirdische Nisträume. Hat die Hummelkönigin ihre Wahl getroffen, schafft sie Moos, Wurzeln und kleine Haare herbei und beginnt ihr Nest allein zu bauen.

Hummeln nehmen eine Zwischenstellung zwischen Wild- und Honigbiene ein. Denn nur die Hummelkönigin überwintert an einem geschützten Ort in Kältestarre. Sobald die Sonne im Frühjahr die Erde erwärmt, erwacht die Königin und beginnt ihr Leben wie eine Einsiedlerbiene. Die folgende Geschichte von Brummhilde, der Erdhummel, erzählt vom Leben einer Hummelkönigin.

Dunkle Erdhummel an Apfelblüte.

Brummhilde – die Geschichte einer Erdhummelkönigin

Brummhilde war eine Erdhummel. Sie lag noch im tiefsten Winterschlaf unter einer warmen Decke aus Laub und Moos im Beet des Gartens. Lange schlief sie schon, seit den kühlen Tagen im Herbst des letzten Jahres.

Doch heute nach der langen Winterzeit wurde sie von den zarten, warmen Sonnenstrahlen ganz langsam geweckt. Zuerst regten sich die Füßchen, dann die Fühler, und mehr und mehr kam sie wieder zu sich. «Wie lange habe ich wohl geschlafen?», dachte Brummhilde. «Eine ganze Ewigkeit ist es her, dass ich die Blumen nicht mehr gesehen habe und das Sonnenlicht.» Sie rieb sich die Augen und wedelte ein wenig mit den Flügeln. Die funktionierten noch. «Na, dann mal los», murmelte sie und kroch vorsichtig aus ihrem Winterbett hervor. Die Sonne schien weiter mit warmen Strahlen auf ihren weichen Pelz. «Nur gut, dass mein Pelz mich so gut warm hält, da kann mir auch die frostige Kälte im Winter nichts anhaben», summte Brummhilde, ließ sich von der Sonne ein wenig aufwärmen, surrte mit ihren Flügeln und war bereit loszufliegen. Nun hob sie ab in den blauen Frühlingshimmel und sah auf die vielen bunten Blumen. «Ich habe einen Riesenhunger, wenn ich die schönen blühenden Blumen sehe», sagte sie.

Denn mit ihren Insektenaugen konnte sie

auch ultraviolette Farben und Muster auf den Blüten erkennen, die für uns Menschen unsichtbar sind. Dafür konnte sie – wie alle Hummeln und Bienen – die Farbe rot nicht sehen. Sie blieb ihnen unsichtbar. «Ich rieche schon die duftenden Weidenkätzchen, die silbrig-weiß und gelb blühen. Auch die anderen Frühjahrsblüher sind erwacht: das Schneeglöckchen, der Krokus, die Primel und die Schlüsselblume.»

Die Blumen waren eine gute Nahrungsquelle für Brummhilde in den ersten warmen Tagen im Jahr. «Wie lecker der Nektar ist und der gelbe Pollen, der Blütenstaub! Da werde ich mir gleich meine beiden Taschen an den Beinen vollstopfen, damit ich gut für heute verpflegt bin.» Und im Nu rieb sie den Pollen und den Nektar in ihre Taschen an den Beinen. Kräftig schob sie den Nektar- und Pollenbrei zusammen. Sie formte sich daraus ein «Bienenbrot». Brummhilde war froh, dass in diesem Garten so viele bunte Blumen, Sträucher und

Bäume wuchsen, die ihr so viel von dem leckeren Pollen und Nektar bereithielten. «Ob ich all meine Freunde aus dem letzten Jahr wiedertreffen werde?» Da war Arne, der Heilsteinzwerg, Großfuß, sein Freund, und Sizua, die Zwergenfee, die alle als Zwerge im Garten ihre Wohnungen hatten. Auch an Summara, das Wildbienchen, dachte sie. «Ich werde mich aufmachen und mir eine Wohnung suchen.»

Brummhilde brummte los und flog behäbig, fast taumelnd, wie es die Art einer Hummelkönigin war, tief am Erdboden entlang. Sie hielt nach einem geeigneten Nistplatz Ausschau. Mal kroch sie in den Holzschuppen zwischen das Holz, in Mauer- oder Fugenritzen des Hauses. «Aber nein, da ist kein Platz», stöhnte sie. «Jetzt suche ich an der alten Brombeerhecke beim Komposthaufen, da hatte Fridolin, die Feldmaus, im letzten Jahr einen Gang gegraben.» Und im Nu machte sie kehrt und steuerte auf das Mauseloch zu. Wie war sie erfreut: Dort stand schon Arne, der Heilsteinzwerg! «Was machst du denn hier, Arne?» – «Ich bin von der wärmenden Sonne aufgewacht und wollte gerade einen ersten Frühlingsspaziergang starten», rief Arne freudig. «Aber jetzt lass dich erst mal begrüßen, du Langschläferin Brummhilde.» Und schon lagen sich die beiden in den Armen. «Dein Pelz ist so weich und kitzelt mir in der Nase», beschwerte sich Arne. «Aber das macht gar nichts. Komm, ich zeige dir mein Haus.» Er ging hinunter in den dunklen Gang, und Brummhilde folgte

ihm. Beide waren es gewohnt, in dunkle Höhlen zu klettern, und freuten sich, einen guten Freund wieder getroffen zu haben.

«Bei dir sieht es gemütlich aus», sagte Brummhilde. «Eine schöne Zwergenwohnung hast du dir eingerichtet. Hast du auch noch Platz für mich und meine Kinder?» – «Aber natürlich. Fridolin hat hier einen zweiten Gang gegraben. Der Ausgang befindet sich an den Brombeerbüschen.» – «Wie schön», rief Brummhilde fröhlich, «dann können wir Nachbarn sein.» Sie kletterte weiter in den zweiten Gang und stellte fest, dass Fridolin hier eine kleine Kammer gegraben und angelegt hatte. «Hier will ich eine Wiege für meine Kinder bauen, so wie Erdhummeln es machen.» Plötzlich polterte es in ihrem Bauch. «Oh,

Dunkle Erdhummel an Hyanzinthenblüte.

ich habe riesigen Hunger. Wie gut, dass ich noch Bienenbrot dabei habe.» Und sie holte sich ein Stück ihrer süßen Nektar-Pollen-Speise aus der Tasche an den Beinen und naschte ein wenig davon. Den ganzen Tag war sie damit beschäftigt, den Boden der Mäusekammer, der mit Moos, feinen Pflanzenteilen und Haaren ausgekleidet war, zu ordnen. Sie machte sich ein gutes, weiches Nest direkt neben Arne. Ab und zu flog sie hinaus, um auf Blumenblüten Nektar zu trinken und Rast zu machen. Nach dem Mahl summte sie zurück und richtete ihr Nest weiter gut her. Dazu schwitzte sie aus ihren Wachsdrüsen kleine Plättchen heraus und formte daraus eine kleine, tonnenförmige Wabe. Diese stellte sie an den Rand des Nestes. Im Laufe der nächsten Tage füllte Brummhilde das Tönnchen mehr und mehr mit Nektar und verwandelte diesen durch ihren Magensaft und Spucke in Hummelhonig. Auch Pollen sammelte Brummhilde fleißig und legte ihn zusammen mit Nektar in die Mitte des Nestes ab. Sie formte beides zu einem Bienenbrot. Am nächsten Tag war sie mit dem Nestbau und allen Vorbereitungen fertig und sprach zu Arne: «Ich werde nun zwölf Eier legen und für drei Wochen hier im Nest bleiben und alle Eier ausbrüten. Meinen Essensvorrat habe ich in der Tonne dort aufbewahrt.» Und schon schob sie ihre lange Zunge in die Honigtonne hinein. «Jetzt bin ich mit Hummelhonig versorgt und kann gleichzeitig auf dem Nest sitzen und die Eier wärmen», sagte sie zu Arne.

«Wenn deine Kinder endlich da sind, können wir ein Frühlingsfest feiern, alle Blumen begrüßen und alle Freunde wiedersehen», erwiderte Arne. «Ja, das machen wir. Aber jetzt lass mich meine Kinder ausbrüten», sprach Brummhilde und kroch behutsam in ihr Nest.

Nach drei Tagen waren aus den Eiern kleine Larven geschlüpft. Sie ernährten sich gemeinsamen von Brummhildes Bienenbrot, wodurch sie schnell größer wurden. Am Ende dieser Fressphase verpuppten sich die Larven mit einer selbst gesponnenen Seidenhülle zu zwölf Hummelpuppen. Endlich waren die drei Wochen nach der Nestgründung vorbei, und zwölf große Hummeln begrüßten Brummhilde. Die jungen Hummelarbeiterinnen wollten natürlich sofort ins Freie, um an den Blüten im Garten Nektar und Pollen zu sammeln. Brummhilde ließ sie fliegen und wusste, dass sie allein den Weg zum Nest zurückfinden würden.

Sizua, die Zwergenfee, hatte von Arne erfahren, dass Brummhilde aus dem Winterschlaf erwacht und in Fridolins Mäusekammer eingezogen war. Sie war neugierig geworden und kam, als die ersten Hummelkinder gerade geschlüpft waren. «Guten Tag, Brummhilde, und herzlichen Glückwunsch zum Schlüpfen deiner Hummelkinder.» Auch der Zwerg Großfuß hatte davon gehört und kam mit einer großen Narzissenblüte in die Hummelwohnung. «Das ist aber eine Überraschung», rief Brummhilde, und sogleich stürmten einige ihrer Kinder herbei und leckten am süßen Nektar der gelben Blüte. Die Kinder kicherten über die großen Füße des Zwerges, denn die waren wirklich sehr groß geraten. Auch Arne hörte das Kichern der Kinder und schaute durch den benachbarten Mäusegang in die Hummelwohnung.

«Ihr lieben Freunde, habt Dank und lasst uns ein Frühlingsfest feiern. Dabei wollen wir auch Mutter Erde danken, dass der lange Winter vorbei ist und die Blumen endlich wieder blühen», sagte Brummhilde zu ihren Zwergenfreunden. Und sie feierten bis spät in die Nacht hinein.

In den nächsten Wochen musste Brummhilde nur noch Eier legen. Und ihre großen Kinder, die tüchtige Arbeiterinnen waren, versorgten die frisch geschlüpften Larven mit neuem Pollen und Nektar. Den ganzen Tag flogen sie von Blüte zu Blüte. An ihrem Kopfpelz blieb dabei immer ein wenig Pollen hängen, der an die nächste Blütennarbe gelangte und diese befruchtete. «Erst dadurch wachsen Früchte, wie Äpfel, Pflaume, Birnen und Kirschen, heran. Ohne uns Hummeln und die anderen Bienen gäbe es viel weniger Obst!», rief strahlend die junge Hummelkönigin Sonja und flog zur nächsten Blüte.

Inzwischen war es Herbst geworden, und die neuen Königinnen und Drohnen waren geschlüpft. Sie paarten sich, und Brummhilde konnte mit dem Eierlegen aufhören. Sonja und die anderen neuen Hummelköniginnen suchten sich ein gutes und trockenes Winterquartier, um im nächsten Jahr wieder neue Nester zu bauen und viele Kinder zu bekommen. Die Altkönigin Brummhilde und das restliche Hummelvolk aber mussten bald sterben. Bevor sich alle für den Winter bereitmachten, sagten sie «Lebewohl» zu Brummhilde und «Auf ein Wiedersehen im nächsten Jahr» zu den Zwergen Großfuß, Arne und Sizua. Darauf freuten sich alle.

Hummeln sind unentbehrlich

Im Frühjahr fliegt eine Königin zur Hyazinthenblüte. Sie wird vom Duft und den Blütenmalen der Blume, die für den Menschen unsichtbar sind, angelockt. Hummeln sind auf bestimmte Pflanzen spezialisiert. Vor allem wegen ihrer langen Rüssel können sie in Blumen nach Nektar suchen, die die Bienen mit ihren kürzeren Rüsseln nicht mehr erreichen können. So gibt es auch bestimmte «Hummelpflanzen», die auf den Besuch von Hummeln angewiesen und angepasst sind. Es sind Pflanzen mit langen und tiefen Blütenkelchen, z.B. Rachen-, Röhren- und Schmetterlingsblütler, wie die Erbse, Rotklee, Brenn- und Taubnessel. Hummeln gehören zu den wichtigsten Kleebesuchern und sind daher für den Landwirt von großer Bedeutung und so unentbehrlich für die Landwirtschaft geworden. Sie sind sehr fleißige Blütenbesucher und sorgen für die Bestäubung vieler Wild- und Nutzpflanzen.

Aber nicht nur als Bestäuber von vielen Schmetterlings-, Lippen- und Rachenblütlern nehmen sie eine besonders wichtige Stellung im Naturhaushalt ein, sondern vor allem bei der Verbreitung der Nektarhefe, die sich in den Nektarien von Lippen- und Korbblütlern befindet, sind sie für die Landwirtschaft unersetzlich geworden. Der bei der Bestäubungsarbeit stattfindende Nebeneffekt ist beachtlich. Denn sie sammeln den auf den Nektarien vorkommenden Kreuzhefepilz unbemerkt mit, um ihn wiederum auf viele andere Blüten zu verteilen. Mithilfe dieser Nektarhefe können Wiederkäuer (Rinder, Schafe) ihre zellulosehaltige Nahrung viel besser und schneller zerkleinern.

Hummelnisthilfen mit Kindern bauen

Bis Anfang März sollte man die Nisthilfen für Hummeln aufstellen, um Hummelköniginnen ein Sommerquartier bzw. eine Nistmöglichkeit anzubieten. Es gibt verschiedene Möglichkeiten, ober- und unterirdische Nestplätze anzulegen. Die Kinder können gut bei allen Arbeiten mithelfen und ihren Hummelkasten durch eine eigene individuelle farbliche Gestaltung zu ihrem Kunstwerk machen.

Die meisten Arten beziehen sowohl unter- wie oberirdische Nisthilfen, wenn diese trocken aufgestellt werden. Hummelköniginnen lassen sich mit Nistmaterial von Mäusen, das den Mäusegeruch besitzt, anlocken. Auch handelsübliche Polsterwolle (weiches Material aus Altkleidern) dient zum Auskleiden und Anlocken von Hummeln. Ansonsten verwendet man als Füllmaterial Moos, Laub, alte Mäusenester, Kleintierstreu oder Holzwolle.

Holzstammblock:

Man kann aus einem Holzstammblock (Höhe ca. 20 bis 30 cm, Durchmesser 30 cm) mit einem Beitel oder Bohrer das Kernholz entfernen. Bei dieser Arbeit helfen vor allem starke und tüchtige Jungen. Die Arbeit mit dem Beitel ist verletzungsarm, da man am Holz vom Körper weg arbeitet. Den entstandenen Hohlraum kann man als Nisthöhle für Hummeln herrichten. Für

Mit Holzhammer und Beitel wird das Kernholz aus dem Holzblock entfernt.

das Flugloch wird durch den Stamm ein ca. 2 cm großes Loch gebohrt. Den inneren Hohlraum kleidet man nun mit Moos, Laub oder Polsterwolle aus. Dazu wird aus Polsterwolle eine kreisrunde Bodenschicht mit fein gezupfter Polsterwolle ausgelegt. Das lockere Material wird weiterhin verwendet, um eine hufeisenförmige Wand und darüber ein Dach zu errichten. Es entsteht ein kleines Iglu, das mit der Öffnung zum Einflugloch ausgerichtet wird. Der Weg zwischen der eigentlichen Nistkammer und dem Einflugloch wird ebenfalls mit fein gezupfter Polsterwolle ausgekleidet. Je nach Kastengröße verwendet man nur ca. 10 bis 15 g Polsterwolle.

Als Deckel für den Holzstammblock verwendet man eine größere Holzscheibe, einen großen Stein oder ein mit Dachpappe verkleidetes Brett. Der Deckel sollte so groß gewählt werden, dass er als Dach auch das Flugloch vor Nässe schützt. Der Holzstamm wird ab März im Garten aufgestellt. Er wird von oberirdisch nistenden Hummeln besucht. Einmal im Jahr – am besten im Winter – wird der Hohlraum gründlich gereinigt und mit neuem Nistmaterial befüllt.

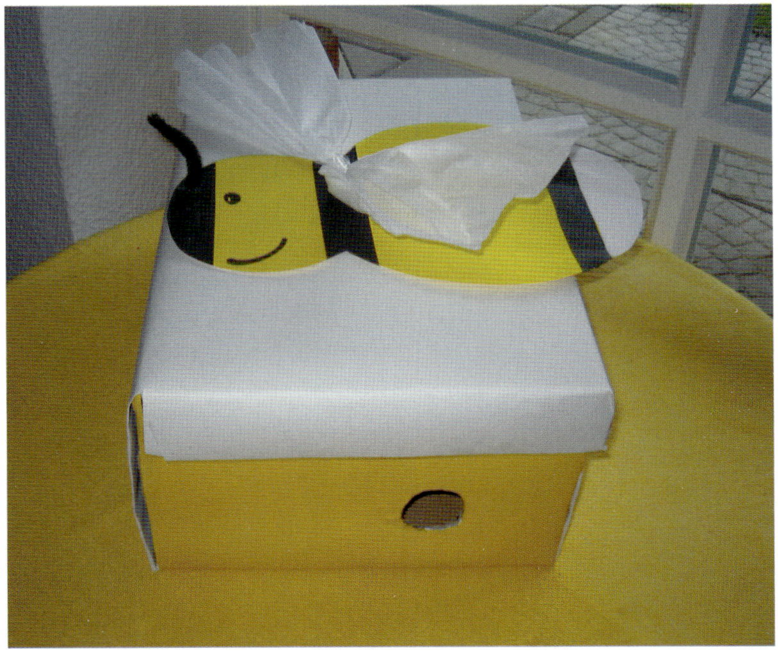

Das Einflugloch hat einen Durchmesser von 1–2 cm.

Einfacher Papphummelkasten:
Um eine einfache Nistmöglichkeit zu schaffen, kann man auch aus einem Pappkarton eine Hummelwohnung herstellen. Man verwendet dazu einen Schuhkarton (ca. 30 x 30 x 20 cm), der unter einem regensicheren Dach (Terrasse, Balkon) aufgestellt werden kann. Die Kinder können die Außenwände mit far-

Das fein gezupfte Iglu aus Polsterwolle hat einen Durchmesser von 15–20 cm und eine Höhe von 10–12 cm.

bigen Stiften bemalen und schön gestalten. Am schmalen, unteren Seitenende schneidet man ein Loch mit einem Durchmesser von 1 bis 2 cm in die Pappe. Der Karton wird mit dem gleichen Material befüllt wie die anderen Hummelkästen.

Der innere Nestraum wird aus Polsterwolle wie ein Iglu errichtet, und die Strecke zwischen «Igluöffnung» und Schlupfloch wird ebenfalls mit feiner Polsterwolle ausgekleidet. Der Deckel wird durch ein Klebeband mit dem Karton befestigt. Im Winter wird auch diese Hummelwohnung gereinigt und wie beschrieben neu befüllt. Im Frühjahr kann sie wieder aufgestellt werden.

Die Hummelwohnung wird mit einem Rindendach ► abgedeckt.

Blumentopf:

Die einfachste Variante für Hummeln, die im Boden nisten, sind Blumentöpfe. Im März kann man mit dem Aufstellen dieser Nisthilfe beginnen. Man verwendet dazu zwei verschieden große Tontöpfe (Innendurchmesser: 20 und 24 cm). Der kleine Topf wird in den großen Topf gesteckt. Zuvor ummantelt man den kleineren Topf mit Moos, Laub oder Stroh und schiebt ihn dann in den großen Topf. Wichtig ist, dass das Flugloch am Topfboden offen bleibt. Nun gräbt man ein ca. 20 cm tiefes Loch in den Erdboden, legt beide Blumentöpfe schräg hinein, sodass die kleine Blumentopföffnung gerade nach vorne zeigt. Dann kleidet man den inneren Topf mit Laub, Moos und Polsterwolle aus. Der innere Nestraum wird wie oben beschrieben in Form eines Iglus aus Polsterwolle aufgeschichtet. Nun verschließt man das große, offene Topfende

mit einem Stein oder Brett. Anschließend wird das fertige Hummelnest mit Erde vollständig zugedeckt. Man beachte beim Aufstellen, dass das Nest nicht in einer Senke angelegt wird, da sonst zu viel Regenwasser in das Nest fließen kann. Im Winter wird diese Nisthilfe gereinigt und im Frühjahr mit frischem Füllmaterial versehen.

Vorfrühlingsreigen

In vielen pädagogischen Büchern und Zeitschriften werden vielfältige Vorschläge gegeben, mit Kindern spielerisch unterschiedliche naturwissenschaftliche Themen zu erarbeiten. Ganze Projekttage werden vorbereitet, um ein Themengebiet zu beschreiben und zu verstehen.

Der Inhalt wird mithilfe einer guten, thematischen Struktur herausgearbeitet und erfasst. Dabei ist es wichtig, auf herausragende Besonderheiten bei dem Thema zu achten und sie auf die Kinder abzustimmen. Gerade diese Besonderheiten bleiben im Gedächtnis eines Kindes und auch eines Erwachsenen haften. Durch viele Wiederholungen und das akzentuierte, kla re Einführen von Besonderheiten lernen Kinder.

Im Kindergarten und der Grundschule ist es vor allem wichtig, auf diese wiederholenden und wiederkehrenden Elemente zu achten. Durch das Wiederholen können die Kinder viel mehr und viel schneller Dinge erfassen und erlernen. Je öfter ein Kind Wiederholungen durchführt, desto größer ist der Lerneffekt. Denn im Gehirn stabilisieren sich nur die Nervenbahnen, die häufig benutzt werden, wie viele Hirnforscher herausgefunden haben. Je mehr wiederholt wird, desto stabiler ist das Wissen.

Es kommt gar nicht darauf an, möglichst viele theoretische Hintergründe zu erklären, sondern mit einfachen, klaren und übersichtlichen Elementen zu arbeiten. An dieser Stelle möchte ich auf die besondere Methode des Reigens hinweisen. Er eignet sich hervorragend, um auch naturwissenschaftliche und viele andere Themengebiete sprachlich sowie motorisch mit den Kindern zu erarbeiten.

Rhythmische Spiele und Reigen sind wichtige Elemente im Alltag des Kindergartens, insbesondere des Waldorfkindergartens.

Der Reigen beinhaltet Lieder, Reime, Verse, Gesten und rhythmische Spiele in einer sinnvollen Zusammenstellung der einzelnen rhythmischen Formenelemente. Wichtig bei der Reigenarbeit ist der Einsatz der Sprachmodalität. So werden bestimmte Passagen des Reigens laut und leise gesprochen, manche gesungen. Auch findet ein Wechsel in der Schnelligkeit der Gesten und Bewegungen statt. Manche Gesten werden langsam und behutsam durchgeführt, andere schneller, um eine Dynamik zu erzeugen. Durch diese Veränderungen und Nuancierungen in der Sprache, der Gestik und der Bewegung lernen die Kinder feine Unterschiede in all diesen

Bereichen kennen. Durch die Reigenarbeit werden sie körperlich, geistig und seelisch angesprochen, gefordert und gefördert.

Durch die Auswahl der Reime lernen die Kinder, auf die sprachlichen Besonderheiten im Reigen zu achten, und sie merken, dass es Spaß macht, das Rollengeschehen sprachlich zu begleiten. So wird auch spielerisch gelernt, dass Frieda und Sektar die Pollen und den Nektar suchen und nicht den Honig. Durch den sprachlichen Reim «Sektar und Nektar» prägt sich bei den Kindern ein, dass die Bienen Nektar suchen. Irrtümlicherweise meinen viele Erwachsene, dass Bienen Honig suchen. Bienen aber suchen Pollen und Nektar, um sich und ihre Nachkommen zu ernähren, und verändern diesen durch Fermentierung in ihrem Honigmagen zu Honig. Auch Hummeln, die zu den Bienen gehören, sammeln den Blütennektar, um Honig herzustellen und in ihren Nestern zu lagern.

Dieser komplizierte Zusammenhang, der schnell zu Verwechslungen führt, wird im Reigen nicht aufgeführt, da es bei der Hummelkönigin als Bienenvertreter vorwiegend um das Herbeischaffen des Pollens und des Nektars geht. Vielmehr kann diese Besonderheit, die vor allem für Honigbienen wichtig ist, zu einem gesonderten, späteren Zeitpunkt (vgl. Brummhilde – die Geschichte einer Erdhummel) erwähnt werden. Auch dann kann man erklären, dass die Hummelköniginnen ebenfalls den Nektar zu Honig verwandeln, wie ihre Cousine, die Honigbiene, es macht.

Bei der Auswahl der Lieder und Verse berücksichtigt man vor allem die jeweilige Jahreszeit, damit die Kinder einen Bezug zum monatlichen Geschehen in der Natur bekommen. Der Gesamtprozess des Jahresablaufs wird dadurch besser nachvollziehbar und sichtbar. Die Kinder lernen durch den Reigen, was im Laufe eines Monats bzw. Jahres geschieht. Indem sie die Lieder mitsingen, Reime und Verse sprechen, die durch die Gesten begleitet werden, werden gleichzeitig ihr Bewegungssinn und die Sprachentwicklung angesprochen und gefördert. Die Bewegungen, Gesten und die Sprache werden in den natürlichen und sinnvollen Zusammenhang zu der Bedeutung der Reime gesetzt. So schlüpfen die Kinder in Rollen von Pflanzen und Tieren, um die Vorgänge in der Natur besser zu verstehen. Durch dieses Rollenspiel als ein wichtiges Element im Reigen und die Wiederholungen erkennen sie spielerisch den Zusammenhang der natürlichen Lebensprozesse in ihrer unmittelbaren Umgebung und der Natur.

Im Rollenspiel fällt es den Kindern leichter zu lernen. Alles, was mit Bewegung und Begeisterung geübt und erlernt wird, kann viel besser im Gehirn verankert werden, berichten verschiedene Hirnforscher. Lernen und Gefühl sind eng miteinander verknüpft. Freudig rufen die Kinder: «Ich möchte die Sonne sein und die Blumen wecken.» Mit dieser begleitenden Freude kann man die inhaltlichen und thematischen Zusammenhänge viel besser erfassen und erfahrbar machen. Positive Erfahrungen zu sammeln wirkt sich auch positiv auf die sich entwickelnde kindliche Denkstruktur aus.

Das Gehirn hat eine Grundregel: Alle sogenannten neuronalen Netzwerke, die gleichzeitig beim Lernen aktiviert werden, können auch automatisch miteinander verknüpft werden. Vor allem wenn ein positives Gefühl während des Lernens entwickelt wird, werden in den tiefer liegenden emotionalen Gehirnzentren Erregungsmuster ausgelöst, die das Lernen verbessern und nachhaltig stimulieren.

In dem vorgestellten Vorfrühlingsreigen erleben die Kinder das Erwachen des Frühlings durch das Läuten der ersten Schneeglöckchen. Die ersten Frühblüher werden durch die einsetzenden warmen Sonnenstrahlen geweckt. So können auch die Hummelköniginnen den Frühling begrüßen und das erste Fest feiern.

Vorbereitung und Ablauf des Reigens

Eine besondere Freude macht es den Kindern, ihre Rolle im Reigen durch Requisiten deutlich zu machen. Es können Umhänge, Tücher, Kopfbedeckungen, Stirnbänder oder Ähnliches sein. Diese Kleidungsstücke werden zu Anfang ausgegeben, und die Kinder werden verkleidet.

Zu Beginn dieses Vorfrühlingsreigens werden an die «Schneeglöckchenkinder» Umhängeketten verteilt, an denen jeweils ein kleines Glöckchen hängt. Die feinen Glockentöne erinnern an das Läuten der Schneeglöckchen. Während des Reigens dürfen die Kinder die Glocken läuten lassen.

Andere Kinder tragen Stirnbänder auf dem Kopf, auf denen Blumenmotive (Krokus, Winterling, Veilchen) aufgemalt sind. Sie übernehmen die Rolle der schlafenden Blumenkinder. Ein Kind wird ausgesucht, die Sonne zu spielen, die jedes schlafende Blumenkind mit ihren warmen Strahlen wecken darf. Dazu berührt das Sonnenkind die schlafenden Blumenkinder leicht mit einem Stab, an dem ein Sonnenmotiv befestigt ist. Zwei weitere Kinder schlüpfen in die Rolle der Hummelköniginnen. Sie tragen ein Band, an dem eine gebastelte Hummelkönigin hängt, und summen bei der Begrüßung der Blumen.

Anleitung zum Basteln der Hummelkönigin

Aus gelber Pappe wird eine Hummelform ausgeschnitten. Dabei ist darauf zu achten, dass das plumpe Aussehen der Hummel zu erkennen ist. Nun werden zwei schwarze Papierstreifen ausgeschnitten und jeweils auf die Brust- und Bauchregion der Hummel aufgeklebt. Am Körperende wird ein weißer Papierstreifen aufgeklebt. An der Kopfregion der Hummel werden zwei Löcher gebohrt, durch die zwei Fühler aus schwarzem Biegedraht geschoben werden. Die fertige Papphummel wird auf die gerade Seite einer Holzwäscheklammer geklebt. Zwei Flügel werden aus weißem Krepp- oder Transparentpapier ausgeschnitten und mit einem Klebestreifen an der geöffneten Wäscheklammer im «Maul» angeklebt. Man beachte dabei, dass die Flügel in der Brustregion ausgerichtet werden. Wenn die Wäscheklammer geöffnet wird, bewegen sich flatternd die Flügel der Hummelkönigin. Zum Schluss wird durch die Metallfeder der Wäscheklammer ein Wollfaden gefädelt und zu einem Umhängeband verknotet.

Oben: Utensilien für einen Vorfrühlingsreigen.

Unten: Eine selbst gebastelte Hummelkönigin (Bauchseite links, Rückenseite rechts).

Vorfrühlingsreigen

EINZUG:
Nun treiben wir den Winter aus.
Er flieht zum Eismeer in sein Haus.
Wer hat den Frühling schon gesehn?
Wir wollen ihm entgegengehn.

SPRUCH:
Ach, lieber Herr Winter, macht euch nun schnell hinfort,
mit Sack und Pack nach Norden!
Seht ihr die vielen Zugvögel dort?
Nun ist es Frühling geworden.

HANDGESTENSPRUCH:
Ein Schneeglöckchen weiß
läutet ganz leis.
Es läutet ganz sacht,
da ist die Sonne erwacht.

LIED:
Sonne, Sonne, komm hervor
aus dem goldnen Himmelstor.
Bringe uns den Frühling bald,
schmücke wieder Feld und Wald.

VERS:
Die Blumenkinder schlafen still,
weißt du, wer sie wecken will?
Da kommt die Sonne mit hellem Licht
zu jedem Blumenkind und spricht:
«Ich wecke dich,
Kind, strecke dich!»

Nun stehen auf die Blumenkinder
und schauen sich um nach drüben.
Es strecken sich die Blumenkinder,
auch die müden.

Nun lauschen sie von innen
und hören das Summen
der Hummelköniginnen.
Mit ihrem Summen und Brummen
suchen sie die bunten Blumen.
Da kommen Frieda und Sektar,
zu suchen den Blütenpollen und Nektar.
Lasst sie nur lecken und tüchtig schlecken,
damit sie sich gleich wieder verstecken.
Denn sie bauen sich ein Nest
Für das nächste Frühlingsfest.

So lasst uns nun lustig tanzen.

KREIS- oder PAARTANZ:
Hei lustig, ihr Kinder!
Vorbei ist der Winter.
Die Sonne erwacht,
das Blümelein lacht.

LIED:
Es tönen die Lieder,
der Frühling kommt wieder.
Es spielet der Hirte auf seiner Schalmei.
Tralalalalalalala, tralalalalalalala.

Gedichte von Bienen und Hummeln

Brummhilde im Garten

Kinder, kommt herbei!
Ich mache süßen Brei.
Such’ fleißig in Blüten Nektar und Pollen
und klebe sie an meine Bollen.
Alles knet’ ich tüchtig ein,
es schmeckt gut bei uns daheim.
Dann leg ich viele Hummeleier
und brüt’ sie aus in meinem Nest.
Ich setz’ mich drauf
und freue mich aufs nächste Frühlingsfest.

Erdhummelarbeiterin mit dickem Pollenpaket.

Das Bienenbrot

Bienchen summt,
Hummel brummt.
Naschen am Nektar
die Biene Summ und Hummel Sektar.
Suchen den Pollen
in den Blüten, den vollen.
Sie kriechen tief in die Blüten,
die sie sorgsam behüten.
Bis zum späten Abendrot
machen sie daraus ihr Bienenbrot.

Rote Mauerbiene (Osmia rufa).

Großfuß und Arne

(ein Wildbienen-Märchen von Stefan und Gudrun Obermann)

Es waren einmal zwei Zwerge, die hießen Großfuß und Arne. Sie kannten sich schon sehr lange, fast so lange wie ein ganzes Zwergenleben. Sie unternahmen viel zusammen, lachten, spielten und erzählten sich alles.

Eines Tages fragte Arne Großfuß: «Sag mal, wie kamst du eigentlich zu deinem Namen, vielleicht, weil du so große Füße hast? Und waren sie, als du als Zwergenbaby auf die Welt kamst, auch schon so groß?» – «Nein, natürlich nicht», erwiderte Großfuß, «ich war ein sehr niedliches und zartes Zwergenbaby, mit ganz normalen Füßen, Beinen, Händen und Armen.» – «Aber wieso hast du dann so große Füße?», fragte Arne. Da erzählte ihm Großfuß die folgende Geschichte:

Als er noch ein kleiner Junge war, begegnete er eines Tages einer Mauerbiene. Er schaute ihr zu, wie fleißig sie war und sie ihre Brutröhre mit den gesammelten Pollen und Nektar füllte. Dann sah er auch, wie sie danach in jede Röhre ein Ei legte und zum Schluss das Ende mit Lehm verschloss. Wie emsig sie dabei war, alles schön ordentlich hintereinander in die Röhre zu füllen!

Weil Großfuß so klein war, vermutete er, dass sie ihn in seinem Versteck nicht entdeckte. Doch das stimmte leider nicht. Sie berührte ihn mit ihrem zarten Stachel am linken Fuß. Und plötzlich wurde dieser immer dicker und größer. Großfuß konnte richtig zuschauen, wie er wuchs und größer und größer wurde. Er wurde ziemlich traurig, denn nun musste er auf einem dicken Fuß humpeln; der andere war ja noch so klein geblieben. Er wusste nicht, ob er sich über den großen Fuß oder über den kleinen Fuß freuen sollte. Auf jeden Fall war so alles schief. Großfuß humpelte nach Hause und schlief dort in seinem Bett ein.

Als er am nächsten Morgen aufwachte, juckten ihn seine beiden Füße. Und als er sie schlaftrunken anfasste, erschrak er sehr, weil beide Füße auf die doppelte Größe angewachsen waren. Plötzlich hörte er ein wundervolles, seichtes Summen im Raum und sah eine kleine Zwergenfee. Sie erzählte ihm, wie es um seine Füße stand und dass sie eine Botin der Mauerbiene Osmia sei. «Mit dem linken Fuß wirst du deinen besten Freund finden. Immer, wenn er zu jucken beginnt, gehst du in die Richtung, aus der das Jucken kommt. Wenn du deinen Freund gefunden hast, kannst du mich wieder rufen und mehr über deine Füße erfahren. Ich heiße Sizua.» Und sie drehte sich um und verschwand mit einem zarten Lichtschein in der Morgensonne.

Nun packte Großfuß seinen Zwergenrucksack mit Zwergenbrot, Zwergenmarmelade, Zwergenwasser und Zwergenmütze ein und ging los. Schon spürte er ein starkes Jucken im linken Fuß, das wies ihm die Richtung, in die es weiterging. Er lief und lief an Bäumen, Wiesen und Feldern vorbei und spürte ständig ein Jucken im linken Fuß.

Plötzlich öffnete sich der Wald, durch den er gerade lief, zu einer Lichtung. Das Jucken wurde weniger. Nun dachte Großfuß, er hätte sein Ziel erreicht, und schaute sich suchend um. Da sah er wieder eine Mauerbiene, die auch ihn entdeckte und auf ihn zuflog. Sie berührte ganz sacht seinen rechten Fuß. Er fiel zu Boden und schlief ein.

Als er wieder aufwachte, stand die Zwergenfee Sizua vor ihm und sprach: «Dein rechter Fuß kann Gold aufspüren.» Und sie berührte den Rechten. «Er beginnt wie der Linke zu jucken. Wenn du ihm folgst, findest du Gold. Mit diesem Hammer kannst du das Gold ausgraben.» Und sie überreichte Großfuß einen kleinen Zwergenhammer. «Die Mauerbiene Osmia wird dich auf deiner Reise beschützen und dich begleiten. Achte weiter auf das Jucken in deinen Füßen.» Sogleich hörte Großfuß ein lautes Summen, das das Nähern der Mauerbiene Osmia ankündigte. Osmia lächelte den Zwerg freundlich an. Sizua verabschiedete sich von den beiden und verschwand im Schein der Sonne.

Da die Mittagszeit angebrochen war, packten sie zunächst den Zwergenrucksack aus und aßen eine kleine Zwergenmahlzeit. Als sie fertig waren, packten sie alle Sachen wieder ein, schnürten den Rucksack zu und gingen los. Schon begann es im linken Zwergenfüßchen heftig zu jucken, und sie machten sich auf den Weg, um einen Freund zu finden.

An einer Kreuzung begann auch das rechte Zwergenfüßchen zu jucken. Beide überlegten, doch folgten sie dem beständigen Jucken in den Füßen des Zwerges.

Am späten Abend waren sie lange gelaufen und wurden sehr müde. Der Biene Osmia wurden die Flügel lahm, und Großfuß schmerzten die Beine. Sie befürchteten schon, sie müssten im Freien übernachten, als plötzlich eine kleine, zerfallene Hütte vor ihnen auftauchte.

Großfuß ging auf die Hütte zu. Im Inneren brannte ein Licht. Mit einem ziehenden Quietschen öffnete er die Holztür und winkte Osmia herbei. In dem einzigen Raum des Hauses saß ein alter Zwerg und aß sein Abendbrot. Er lächelte sie an und lud sie zum Essen ein. Dann stellte er sich ihnen vor: Es war Zwogle, der Goldgräberzwerg; Großfuß hatte schon in seiner Kindheit von ihm gehört, wie tüchtig er beim Goldgraben war.

Zwogle fragte die beiden: «Habt ihr nicht ein wenig Gold für mich, denn ich soll für meinen Zwergenkönig einen Ring anfertigen und habe keinen Krümel Gold mehr?» – «Auch wir besitzen kein Gold, aber wir können uns morgen für dich auf den Weg machen und welches suchen. Ich spüre deutlich ein starkes Jucken im rechten Fuß. Hier muss eine Goldader liegen», flüsterte Großfuß. «Was du nicht sagst!», rief Zwogle, «ich habe es immer vermutet und nie etwas gefunden.» – «Wir machen uns morgen auf die Suche nach dem Gold. Jetzt aber schlafen wir. Gute Nacht bis morgen früh», brummte Osmia. Und alle legten sich in die gemütlichen Goldgräberzwergbetten.

Am nächsten Morgen wachten sie bei Zwogle auf und machten einen Plan. Nach dem Frühstück zogen sie los und folgten dem Jucken in Großfuß' rechtem Fuß. Sie liefen geradewegs durch den Wald in Richtung einer Goldgräbermine.

Plötzlich stürzte Großfuß über einen Stein und kullerte in den Graben. Hier entdeckte er zu seinem Erstaunen den Eingang zu einer Höhle. Das Jucken im rechten Fuß zog ihn hinein. Es stand kein Wächter vor dem Eingang. Nun rief er Osmia und Zwogle herbei: «Kommt, hier ist ein Eingang, wir können hineingehen.» Sie betraten die Höhle und wurden von einem wundervollen Licht umhüllt. «Wie schön hier alles glänzt», rief Osmia und setzte sich auf einen kleinen Amethyst. Überall lagen große Kristalle in allen Farben. «Ja schau, hier steckt ein roter Rubin und hier ein blauer Saphir», begeisterte sich Zwogle. Sie waren beeindruckt von der Leuchtkraft der Steine.

Wieder juckte der rechte Fuß des Zwerges, und sie zogen weiter ins Innere. Vor ihnen lag inmitten von Bergkristallen ein wunderschöner Goldklumpen. «Wie schön!», rief Zwogle freudig. Großfuß nahm sein Hämmerchen und begann den Goldklumpen loszuhauen. Osmia machte mit ihren Flügeln ein bisschen Wind und kühlte das Zwergenhämmerchen mit ihrem Flügelschlag. Großfuß klopfte und hämmerte ganz leise und sacht. Immer mehr Gold löste sich vom Stein. «Da», flüsterte Osmia «das Gold löst sich.» Und schon hob Großfuß den großen Goldbrocken hoch. «Daraus kannst du einen schönen Königsring machen», sprach er zu dem Goldgräberzwerg Zwogle.

Bald verließen sie die Höhle und wanderten zurück zu Zwogles Haus. Nach dieser langen Reise legten sie sich erschöpft in ihre Betten und schliefen bis zum nächsten Morgen.

Beim ersten Sonnenstrahl am Morgen klopfte ein Bote des Königs an die Zwergentür und rief: «Zwogle, mache dich auf, der König hat großes Zahnweh und wartet auf den Ring von dir, den du ihm schmieden wolltest!» – «Ich weiß», antwortete Zwogle «schon vor einiger Zeit rief der König nach mir und beauftragte mich, einen neuen Goldring zu schmieden. Nun habe ich endlich neues Gold gefunden und beginne noch heute den Ring fertigzustellen. Du sprichst auch von starkem Zahnweh des Königs. Wie wäre es, wenn du ihn zum Zwergenarzt führst? Der weiß immer guten Rat.» – «Da waren wir schon, und er hat ihm den schmerzenden Zahn auch gezogen, doch die Schmerzen hören noch nicht auf», erwiderte der Zwergenbote.

Da fiel Osmia etwas ein: «Ich weiß, dass es einen Heilstein gibt, der auch bei Zahnschmerzen hilft. Ich werde ihn suchen und bald zum König eilen.» Der Bote verschwand. Osmia erzählte weiter: «Im Wald lebt ein kleiner Zwerg, der allerlei Steine sammelt. Auch weiß ich von einem Heilstein, der bei Zahnschmerzen hilft.»

Und schon flog sie los in den Wald, um den Heilsteinzwerg Arne zu suchen. Osmia kannte den lichten Wald gut. Auch hielt sie dann und wann an einer kleinen Blüte an und stärkte sich mit gutem Blütennektar. Dann sah sie das Haus des Heilsteinzwergs und klopfte an. «Bist du daheim, Arne?», fragte Osmia freundlich. «Ich bin es, Osmia, die Mauerbiene. Der König hat großes Zahnweh. Hast du einen Heilstein für ihn?» Arne öffnete die Tür. «Natürlich habe ich für unseren Zwergenkönig ein gutes Steinchen. Ich suche nur gerade das gute Stück.» Als Arne wieder heraustrat, hielt er einen braunorangen Stein in der Hand. «Dies ist ein Bernstein, er hilft kleinen Menschenkindern beim Zahnen sehr gut, und uns Zwergen hilft er bei großen Zahnschmerzen. Weißt du was, ich werde dich zum König begleiten.» Dabei schloss Arne sein Zwergenhaus zu und begleitete Osmia auf dem Weg zurück zum Goldgräberzwerg Zwogle.

Osmia murmelte auf dem Weg etwas vor sich hin: «Hoffentlich hat Zwogle den Königsring noch nicht fertiggestellt. Denn es wäre gut, wenn er den Heilstein in den Ring einarbeiten könnte.» – «Genau», sprach Arne, der ihr Murmeln deutlich verstanden hatte. «Dann hilft der Bernstein am besten. Bernstein ist ein Stein, der eine Farbe wie Honig hat, aber aus versteinertem Harz von jahrmillionenalten Bäumen entsteht. Er hilft am besten, wenn man ihn direkt am Körper trägt. Da ist seine Heilkraft am stärksten.» Als sie das Zwergenhaus von Zwogle von Weitem sahen, vernahmen sie ein lautes Pochen und Klopfen aus dem Goldgräberhäuschen.

«Ich klopfe und poche den lieben, langen Tag und tu' so manchen Hammerschlag ...» Großfuß sagte zu Zwogle: «Wie schön du schmieden kannst. Der Ring ist ja schon fast fertig geworden. Wie wäre es, wenn du noch Platz machst für einen schönen Kristall, der schmückt einen Königsring am besten.» – «Sieh mal, Großfuß, hier ist ein Platzhalter für einen Stein. Du kannst dir einen schönen Kristall aus meinem Vorrat aussuchen», sagte Zwogle.

Auf einmal fiel Großfuß zu Boden. Er stürzte und spürte wieder ein deutliches Jucken im linken Fuß. «Was ist das? Mein linker Fuß juckt ohne Pause, und mein

Bein schmerzt vom Sturz.» – «Dann leg dich nur aufs Bett und schone dein Bein, damit auch dein Fuß wieder zur Ruhe kommen kann», sagte Zwogle.

Großfuß legte sich aufs Bett. «Aber nein, es wird immer stärker mit dem Jucken im Fuß. Ich glaube, jetzt wird sich erfüllen, was die Zwergenfee Sizua mir vor langer Zeit vorausgesagt hat.»

Und schon öffnete sich die Tür, und Osmia und Arne betraten die Zwergenwohnung. In den Händen hielten sie den braunen Bernstein. «Wir haben den Heilstein gefunden, und Arne ist gleich mitgekommen», rief Osmia fröhlich. Arne ging zu Großfuß, um ihm den Stein zu überreichen. Sogleich juckte Großfuß' linker Fuß unaufhörlich, und sein Herz begann zu klopfen. Als Großfuß den Stein in den Händen hielt, hörte das Jucken auf, und Großfuß fragte Arne, ob er sein Freund werden wolle.

«Natürlich», antwortete Arne «bei euch gefällt es mir. Hier ist es gemütlich.»

Großfuß brachte Zwogle den braunen Bernstein, der genau in die Halterung des Ringes passte. «Da wird der König aber staunen, und sein Zahnweh wird bestimmt schnell vorbei sein», sagte Großfuß erleichtert.

Das ist die Geschichte von Großfuß, der seinen Namen wegen der großen Füße bekam.

Puppenspiel

Kindergarten- und Schulkinder schauen und lauschen gerne einem Puppen- oder Theaterspiel. Am Anfang kann der Erwachsene allein die Geschichte mithilfe von Puppen und einer kleinen Bühne erzählen und vorführen. Dann können die Kinder selbst die Puppen führen, während der Erwachsene die Geschichte erzählt oder vorliest. Nach einiger Zeit sind die Kinder bereit, vor allem Vorschul- und Schulkinder, allein die Puppen zu führen und die Geschichte selbst zu erzählen. Dabei können auch mehrere Kinder verschiedene Rollen einnehmen. Die Kinder verbessern durch das Puppenspiel ihre Sprachfähigkeit, erlernen neue fantasievolle Geschichten und üben ihre Motorik. Das Puppenspiel bietet in vielfältiger Weise

Figuren und Requisiten für das Märchen «Großfuß und Arne», als Puppenspiel gestaltet.

eine gute Fördermöglichkeit für die Kinder in Kindergarten und Schule.

Für den Aufbau der Bühne kann man eine kleine Bank oder einen Tisch verwenden. Auf dieser Bühne lässt sich mit bunten Tüchern, Holzklötzen, Wurzeln, Zapfen, Steinen, Wolle usw. eine schöne Landschaft gestalten. Für unser Märchen «Großfuß und Arne» werden gelbe, grüne und braune Tücher gewählt, da die Geschichte im Wald, im Fels und auf der Wiese spielt. Wenn die Landschaft fertig aufgebaut ist, werden die Figuren ausgewählt. In den Hauptrollen spielen zwei Zwerge und eine Mauerbiene mit. Großfuß und Arne sind in unserer Geschichte als Laufzwerge gestaltet worden (Anleitung: Petra und Thomas Berger, *Zwerge zum Selbermachen*, Verlag Freies Geistesleben).

Die anderen Zwerge sind ebenfalls gestrickte Zwerge, die entsprechend nach Anleitung des oben genannten Buches hergestellt werden können. Die Mauerbiene Osmia wurde aus Wolle gefilzt und die Fee Sizua aus Seide gemacht (Anleitung: Marjolein van Leeuwen / Jos Moeskops, *Jahreszeitentische*, Verlag Freies Geistesleben).

3.
Apis mellifera – die Honigtragende. Das faszinierende Leben der Honigbiene

von Irmgard Kutsch, Erika Salaw und Ulrich Braun

Ein Multitalent ist sie: Tänzerin und Hofdame, Baustoffproduzentin und Architektin, Amme und Fooddesignerin, Fachfrau für Heizung und Belüftung, Soldatin und Kriminologin, Putzfrau und Nachrichtensprecherin, Lieferantin und Biochemikerin, Pflegerin und Fachfrau für Logistik, Sammlerin und Erzieherin, Kundschafterin und Botin, Kunstfliegerin und noch viel mehr: Apis mellifera – die Honigbiene.

Zu den Hochbegabten könnte man sie zählen im Tierreich, mit all ihren Fähigkeiten, über die sie verfügt. Doch ein Individuum allein, eine einzelne Honigbiene, ist nicht lebensfähig, trotz all ihrer Begabungen. Die begabte kleine Honigbiene braucht viele weibliche und einige männliche Geschwister sowie die Königin, um ihre Fähigkeiten als Einzelwesen zum Wohle des gesamten Bienenstaates, des Biens, einzusetzen und selbst von diesem sozialen Gefüge zu profitieren.

Über viele Millionen Jahre hat sich dieses Wunderwerk der Evolution – der Bien – herangebildet; deshalb wollen wir ihm hier unsere Aufmerksamkeit widmen.

Die uralte Geschichte von Biene und Mensch

Unsere Honigbiene Apis mellifera hat eine Entwicklungsgeschichte von vielen Millionen Jahren hinter sich. Honigbienen lebten ursprünglich in wilden Kolonien vorwiegend in Felsspalten oder Baumhöhlen. Die Menschen lernten die Honigbienen möglicherweise dadurch kennen, dass sie Bären beim Honigräubern beobachteten und sich dann selbst auf die Honigjagd begaben. Den Honig, den sie erbeuteten, sahen sie als Geschenk der Götter an und bezeichneten die Bienen als Botinnen der Götter. Aus steinzeitlichen Felsmalereien geht hervor, dass die Menschen bereits vor etwa 12.000 Jahren eine systematische Honiggewinnung

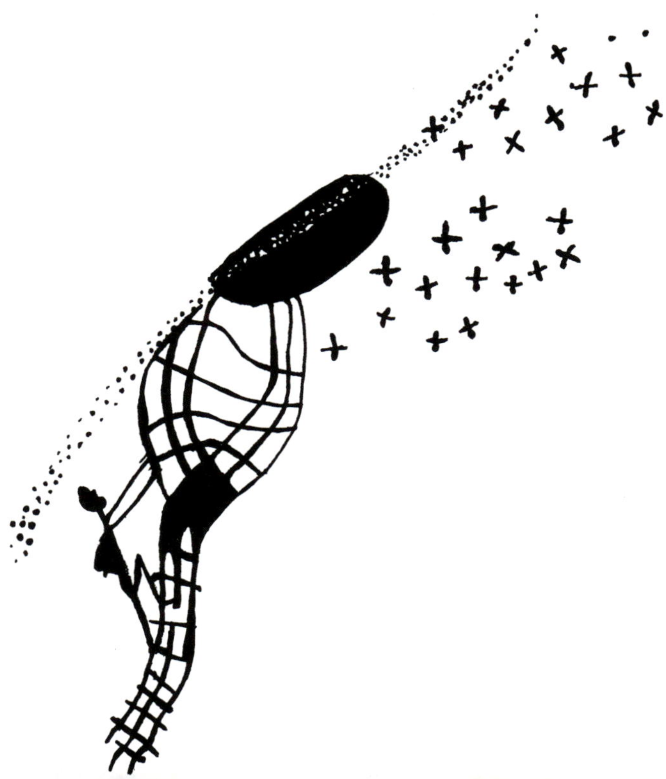

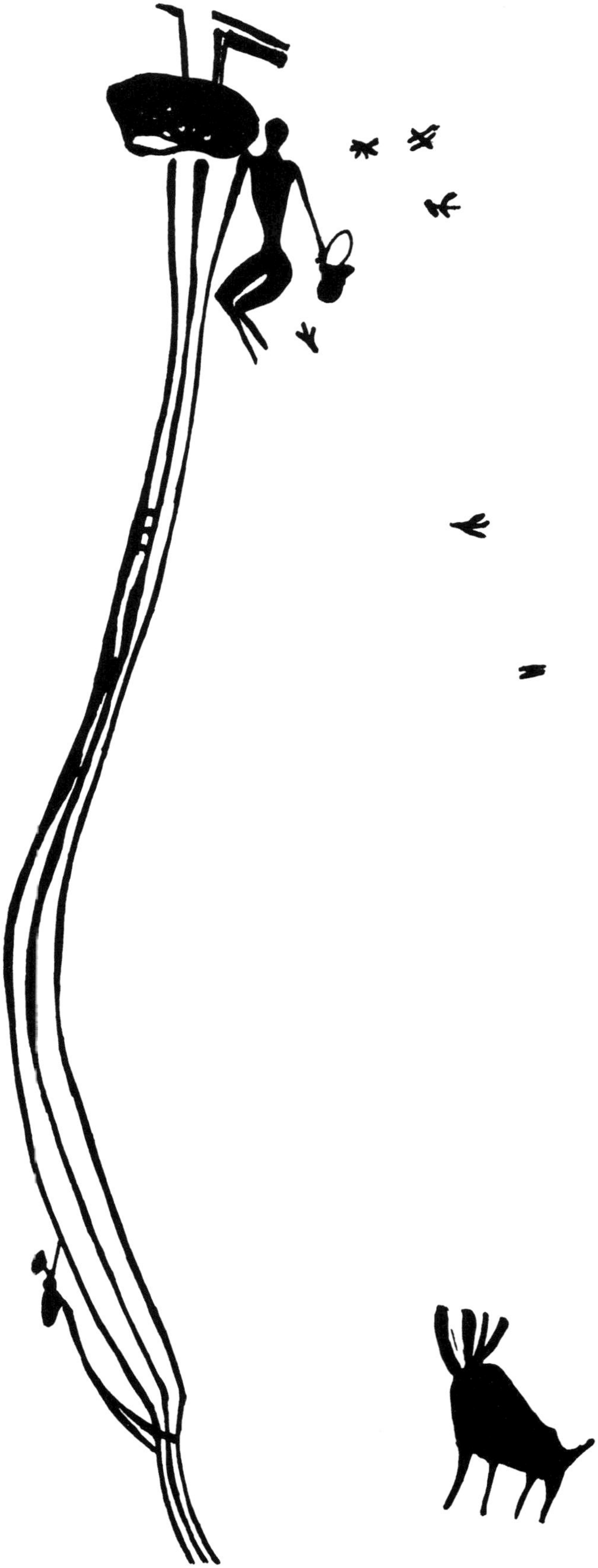

bei Waldbienen betrieben. Das Bild – eine Felsmalerei aus der Höhle bei Bicorp in Ostspanien – zeigt eine Frau, die Waben aus einem Bienennest nimmt und von vielen Bienen umschwirrt wird.

Diese Darstellung erinnert daran, dass sich vor Urzeiten die Menschen Tiere in ihre Umgebung holten, um sie in ihre Dienste zu nehmen. So entwickelten sie sich von Jägern und Sammlern, von umherziehenden Nomaden zu sesshaften Bauern. Vielleicht hat die alte Weisheit «Hast du Weisel und Schaf, lass dich nieder und schlaf» ihre Wurzeln in dieser Zeit der beginnenden Beheimatung der Menschen.

In Ägypten ist die Bienenzucht schon 2.600 v.Chr. bekannt gewesen. Der Biene wurde hohe Ehre zuteil, indem sie als «Träne des Sonnengottes Re» angesehen wurde. Der König von Unterägypten benutzte sie als Hieroglyphensymbol, und er wurde deshalb auch als «Der zur Biene Gehörige» bezeichnet.

Im alten Ägypten mumifizierte man Leichen mit Honig und Propolis, dem Kittharz der Bienen. Auf einem Grabrelief aus Theben ist die dortige Honiggewinnung um etwa 600 v.Chr. dargestellt. Die Ägypter boten den Bienen Tonröhren für den Bau ihrer Waben an.

Eine Münze aus Ephesus aus dem 5. Jahrhundert v.Chr. zeigt eine Bienenkönigin. Sie ist das Wahrzeichen der Stadt Ephesus und auch der Großen Mutter, der Göttin Artemis. Deren Priesterinnen wurden «Melissae», Bienen, genannt.

Hieroglyphen mit Biene auf einer Säule des Tempels von Karnak (Ägypten, 14.–13. Jh. v.Chr.)

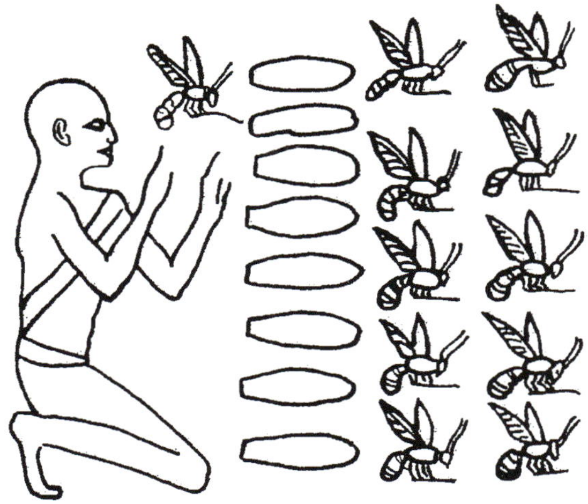

Abbildung eines Grabreliefs im alten Ägypten

In der Bibel finden sich zahlreiche Stellen, in denen auf den Honig verwiesen wird:

Im Alten Testament berichtet Mose (2. Mose 3, Vers 8) über Gottes Zusage: «Ich führe sie [das Volk Israel] aus Ägypten heraus, in ein gutes und weites Land, in ein Land, da Milch und Honig fließen.»

Psalm 119, Vers 103: «Welch eine Köstlichkeit sind deine Worte! Sie sind noch süßer als der beste Honig.»

Honig war in Palästina so reichlich vorhanden, dass es oft als «ein Land, in dem Milch und Honig fließen», beschrieben wurde (2. Mo 3, 8.17). Honig symbolisiert das, was von Natur aus süß ist. Man soll mit Besonnenheit davon essen, sonst führt der Verzehr des Honigs zum Erbrechen (vgl. Spr 25,16.27). Es war streng verboten, den Feueropfern des Herrn Honig beizufügen (3. Mo 2,11).

Etwa um das Jahr 29/30 n.Chr. begann Johannes der Täufer sein öffentliches Wirken. Sein Hauptwirkungsgebiet war im damaligen Peräa auf der anderen Seite des Jordans gegenüber von Jericho. Er führte ein betont asketisches Leben – nach dem Markus-Evangelium (Mk 1,6) soll er sich von Heuschrecken und wildem Honig ernährt haben.

Aber auch im Koran finden sich viele Fundstellen über die hohe Bedeutung des Honigs und der Bienen im Lebensraum der arabisch-muslimischen Völker. Sure 16 des Korans trägt den Titel «Die Biene»; Vers 67 und 68 lauten: «Und es lehrte der Herr die Biene: Suche dir in den Bergen Wohnungen und in Bäumen und in dem, was sie [die Menschen] erbauen. Alsdann speise von jeglicher Frucht und ziehe die bequemen Wege deines Herrn». – «Aus ihren Leibern

بسم الله الرحمن الرحيم

وَمِن ثَمَرَاتِ النَّخِيلِ وَالأَعْنَابِ تَتَّخِذُونَ مِنْهُ سَكَرًا
وَرِزْقًا حَسَنًا إِنَّ فِي ذَلِكَ لَآيَةً لِّقَوْمٍ يَعْقِلُونَ {67}
وَأَوْحَى رَبُّكَ إِلَى النَّحْلِ أَنِ اتَّخِذِي مِنَ الْجِبَالِ بُيُوتًا
وَمِنَ الشَّجَرِ وَمِمَّا يَعْرِشُونَ {68}

*****

kommt ein Trank verschieden an Farbe, in dem eine Arznei ist für Menschen. Siehe, hierin ist wahrlich ein Zeichen für nachdenkende Menschen.»

In unserer mitteleuropäischen Region lebten die Bienen im Wald. Sie bauten sich ihre Wabennester in hohlen Bäumen und Ästen.

Die Menschen in der Steinzeit beobachteten die Bienen bei ihrer Arbeit eher zufällig.

Klotzbeuten im Landwirtschaftsmuseum Blankenhain

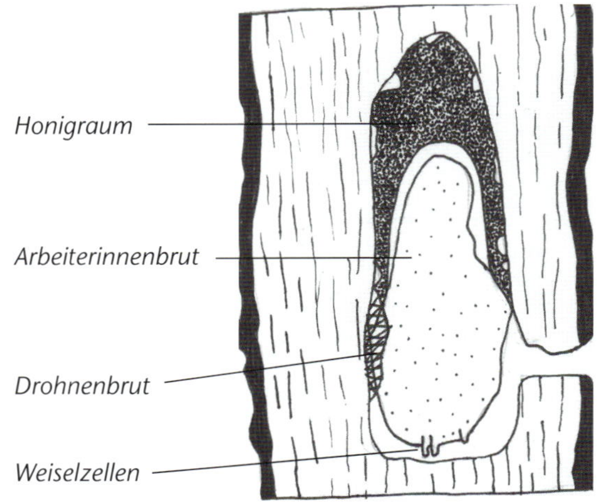

Schematische Darstellung eines Nestes im hohlen Baum

Sie nahmen die mit Honig gefüllten Waben aus den Baumhöhlen heraus und schädigten die betroffenen Völker damit sehr. Allmählich gingen sie dazu über, Bäume planmäßig auszuhöhlen und so die Waldimkerei entscheidend zu verbessern. Herrenlose Völker nahm man in Besitz und markierte die Bienenstöcke mit individuellen Zeichen.

Nun kann man sich vorstellen, dass im Wald umgefallene Bäume mit Bienenstöcken von den Menschen in ein transportables Format gebracht und in die Nähe ihrer Behausungen geholt wurden. Das war der erste Schritt zur Klotzbeute, zur Bienenwohnung aus einem hohlen Stammstück in der Nähe menschlicher Ansiedlungen. Es ergab sich die Möglichkeit zu beobachten, Erkenntnisse zu gewinnen und allererste Schritte der kontrollierten Bienenzucht zu gehen.

Segnung von Bienen

Die Zeidler bei ihrer Arbeit

Später wurden Bienenzentren in Klöstern oder an Adelshöfen eingerichtet. Man vergab Waldbienenvölker zum Lehen an Waldimker als Bienennutzer, entwickelte aber auch transportable Bienenkörbe.

Zu den Anfängen deutscher Literatur wird der *Lorscher Bienensegen* aus dem 9./10. Jahrhundert gezählt:

Kirst, imbi ist hûcze
Nû fluic dû, vihu mînaz, hera
Fridu frôno in godes munt
Heim zi comonne gisunt
Sizi, sizi, bîna
Inbôt dir sancte Maria
Hurolob ni habe dû
Zi holce ni flûc dû
Noh dû mir nindrinnês
Noh dû mir nintuuinnêst
Sizi vilu stillo
Uuirki godes uuillon

Christus, der Bienenschwarm ist heraus!
Nun flieg, du mein Vieh, hierher.
Im Frieden des Herrn, im Schutz Gottes,
kommen gesund nach Hause.
Sitze, sitze, Biene.
Das gebot dir die heilige Maria.
Erlaubnis sollst du nicht haben;
In den Wald sollst du nicht fliegen;
Weder sollst du mir entrinnen.
Noch sollst mir entwischen.
Sitz ganz still,
Folge Gottes Willen.

Strohbeuten und Klotzbeuten (ganz rechts) im Landwirtschaftsmuseum Blankenhain

Oben: Strohstülper

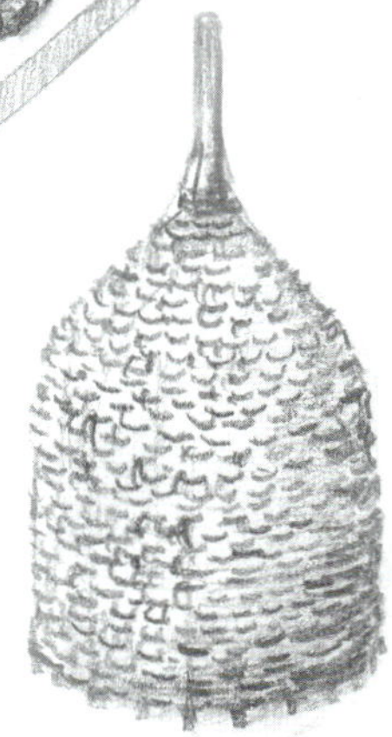

Rechts: Rutenstülper mit Stroh ausgeflochten und Lehm beschichtet

Da Bienenwachs und Honig von hohem Wert waren und sogar mit Gold aufgewogen wurden, stand im Mittelalter der Beruf des Waldimkers, auch Zeidler genannt, in hohem Ansehen. Die Zeidler hatten eine eigene Zunftordnung und besondere Rechte. Zur Verteidigung gegen wilde Tiere durften sie sogar Waffen tragen.

Als im 17. Jahrhundert der Rohrzucker aus Amerika eingeführt und im 18. Jahrhundert der Rübenzucker entdeckt wurde, verlor die Zeidlerei allmählich an Bedeutung.

Neben der Waldimkerei entwickelte sich die Korbimkerei. Die Menschen strebten danach, Bienenvölker zu ihren Siedlungsplätzen zu locken, sie dort vor Honigräubern aus dem Tierreich in Schutz nehmen zu können und somit auch einen besseren Ertrag für sich selbst zu erhalten. Man entwickelte die Kunst, Bienenwohnungen aus Stroh zu formen oder aus Weidenruten zu flechten. Gelegentlich bekamen diese äußerlich eine feste Lehmschicht, um den Bewohnern im Inneren mehr Schutz vor Witterungseinflüssen zu bieten. Einfache Stroh- oder Rutenstülper entstanden bereits vor 1500 bis 2000 Jahren in Norddeutschland.

Man konnte nun das Geschehen in einer Bienenkolonie wesentlich leichter beobachten und stellte fest, wie unterschiedlich sich die Stärke der Völker in Abhängigkeit von Witterung und Tracht entwickelte. Also kam man auf den Gedanken, variable Bienenwohnungen zu bauen, die sozusagen aus aufeinandersetzbaren Stockwerken bestehen. Diese konnten aus Strohunter- und -oberteilen sein; man kombinierte gelegentlich auch Klotzbeuten und Holzkästen mit Strohstülpern. Damit war die Grundlage für die heutige Magazinbienenzucht gelegt, bei der die Wohnraumgröße immer auf den

Kunstvoll geflochtene Strohkörbe im Landwirtschaftsmuseum Blankenhain. Links unten: Fantasievolle Figurenstöcke als Bienenwohnungen.

Bedarf des Bienenvolkes abgestimmt werden kann.

Zum Ende dieses Kapitels sei noch auf eine ganz besondere Rarität hingewiesen. Der Bienenstamm von Robin Wagner verbindet die ganz ursprüngliche und natürliche Herberge für ein Bienenvolk – den hohlen Baum – mit modernen imkerlichen Anforderungen an Überblick und Pflege für das Bienenvolk – die von Menschenhand erbaute Beute. Zugleich ermöglicht der begehbare Bienenstamm das Erleben des Biens auf intimste Weise mit allen Sinnen.

Bienenstamm – eine begehbare Skulptur von Robin Wagner

(von Robin Wagner)

Man folgt dem Weidentunnel und betritt am Ende einen Baumstamm, in den eine Einstiegsöffnung gesägt wurde. Drinnen ist es stockdunkel, und die Augen müssen sich zunächst einmal daran gewöhnen. Bevor uns die Augen wieder sehen lassen, hören wir ein leises und bestimmtes Summen um uns herum. Hört man genauer, ist zu bemerken, dass das Summen von oben kommt. Der Klang ist eher tief und ohne einen bestimmten Ton. Dazu mischen sich helle raschelnde Geräusche, und langsam wird einem klar: Hier bewegt sich etwas. Die Nase atmet einen süßlichen Duft ein, in den sich eine leicht bestimmende Note beimischt. Schwer und träge umhüllt uns diese betörende und ein wenig warme Luft. Der Geruch ist überall und dringt tief in uns ein – allzu vertraut, und doch werden ihn die wenigsten von uns einmal direkt eingeatmet haben. Jetzt erkennen wir, es muss ein Bienenvolk sein, das einem so nah ist. Zwischenzeitlich beginnen die Augen wieder ein wenig zu sehen, denn durch das Bienenflugloch fällt etwas Streulicht, das einen die Bienen entdecken lässt. Am Flugloch herrscht reger Betrieb, ein- und ausfliegende Bienen sorgen für ein chaotisches Bild, dem wir keine Ordnung entnehmen können. Die Wabengassen sind randvoll mit Bienen besetzt, die nach unten überhängen. Je länger wir beobachten, umso besser bemerken wir, dass die meisten der Bienen unterwegs sind und sich bewegen. Alle sind in Bewegung, krabbeln wild durcheinander, und beinahe entsteht der Eindruck, die Bienen müssten überall im ganzen Baumstamm sein, und man selbst befindet sich mittendrin.

Der Bienenstamm ist ein gänzlich ausgehöhlter Stamm, in den oben ein Bienenvolk mit Beute einlogiert wurde. Die Bienen fliegen durch ein Flugloch nach Südosten aus, und die Besucher – und hier passt das Wort Besucher besonders gut, denn wir gehen praktisch ins Bienenvolk hinein, sind also zu Besuch – nähern sich ihnen von Nordwesten, also von der Rückseite her. Der Besucher (es hat nur eine Person darin Platz) steigt in den Stamm hinein, richtet sich auf und befindet sich mit seinem Kopf ca. 25 cm unterhalb des Volkes. Was für ein Eindruck, ein wenig

respekteinflößend, so nah an den Bienen dran zu sein! Ein Fliegengitter trennt das Bienenvolk vom Besucher, sodass Biene und Mensch respektvoll auf Distanz zueinander bleiben. Dennoch ist die Nähe zu den Lebewesen für den Besucher spürbar und verliert nichts von ihrer Intensität. Gemessen an der gewöhnlichen Distanz zwischen Mensch und Bienenvolk ist dies eine intime Begegnung, die ansonsten nur dem Imker vorbehalten ist. Durch diese ungewohnte Nähe erlebt man unmittelbar den lebendigen Bienenorganismus. Es sind nicht nur ein paar Bienen, die irgendwelche

Blumen anfliegen oder beklettern, sondern ein ganzes Volk zeigt sich hier mit seiner Aktivität. Dazu trägt maßgeblich bei, dass die Bienen zu hören und zu riechen sind. Sie dringen akustisch – das Summen im Stock – in einen ein, sodass die Vorstellung entsteht, man befinde sich mitten im Volk. Die Nase atmet tief den Duft aus Nektar / Honig, Propolis, Wachs und Biene ein, der den Bienenstock erfüllt, und auch hier signalisiert das Gefühl, unter Bienen zu sein. Die unmittelbare Sinneswahrnehmung unterschiedlichster Qualitäten und die fast hautnahe Begegnung – das Krabbeln der Bienen auf der Haut wäre noch eine Steigerung – mit dem Bienenvolk verschaffen dem Besucher ein tiefgehendes Erlebnis, das sein Bild über Bienen um diese konkreten Erfahrungen erweitert. So bleiben sie nicht mehr die abstrakten Insekten mit dem Stachel, die uns den Honig liefern, sondern werden zu lebendigen Tieren, für die auf diese Weise Aufmerksamkeit, Bewunderung und Interesse entsteht.

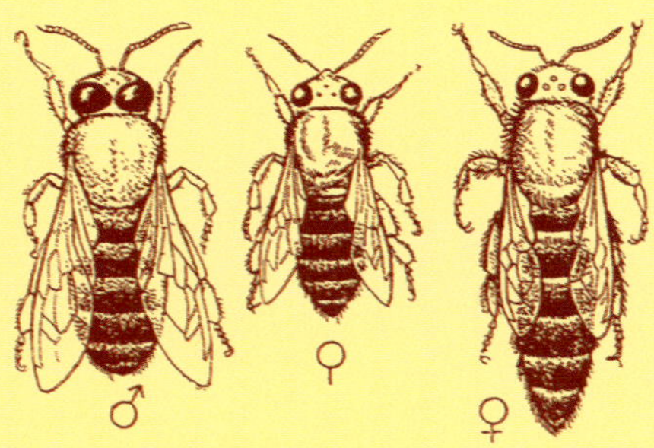

Drohne *Arbeiterin* *Königin*

Wer gehört zum Bienenvolk?

Es gibt global in den verschiedenen Kontinenten mehrere Arten von Honigbienen, die sich nicht nur im Aussehen unterscheiden, sondern auch im Bau ihrer Nester. In Europa und Afrika ist die westliche Honigbiene «Apis mellifera» in verschiedenen Bienenrassen zu Hause.

Gemeinsam ist den Honigbienenarten aber, dass sie als sozialer Organismus in gekonntem Miteinander leben und eine sehr differenzierte Arbeitsteilung haben. Somit gehören sie zu den staatenbildenden Insekten. Eine einzelne Honigbiene ist als Individuum gar nicht überlebensfähig; vielmehr ist sie auf die hoch spezialisierten Sozialleistungen ihres Staates angewiesen, zu denen auch sie selbstverständlich ihren Beitrag leistet. Aus diesem Grund wird das Bienenvolk in seiner Gesamtheit in der Imkerfachsprache als «der Bien» bezeichnet und als ganzheitliche Tierwesenheit angesehen. Die einzelnen Individuen eines Biens sind von weiblicher oder männlicher Prägung mit entsprechender Aufgabenteilung.

Jedes Honigbienenvolk hat eine Königin, mehrere zehntausend Arbeiterinnen und einige hundert Drohnen. Sie bilden gemeinsam ein Volk, einen Bienenstaat, den Bien, der auch überwinterungsfähig ist. Ein Bienenvolk ist im Sommer bedeutend größer als im Winter. Die verschiedenen Mitglieder des Bienenstaates, Arbeiterinnen, Königin und Drohnen, lassen sich nach Größe und Aussehen deutlich voneinander unterscheiden. Diese drei unterschiedlichen Wesen des Biens haben sehr verschiedene Aufgaben im Bienenstaat.

Die Königin – Mutter von mehreren hunderttausend Kindern

Das Majestätische, das eine Bienenkönigin auf den ersten Blick hat, wenn man ihr bei der Völkerdurchsicht begegnet, ist ihre körperliche Größe, ihre erhabene Fortbewegungsart und die Tatsache, dass sie von einem «Hofstaat» von Arbeiterinnen umgeben ist, die sie betasten und sie bei der Eiablage begleiten. Die Stockmutter ihrerseits tastet ein «Kinderstübchen» behutsam aus, dreht sich um und legt ein Ei hinein. Menschen, die dieses Geschehen beobachten, werden meist still und andächtig, wenn sie eine Bienenkönigin sehen, und sind voller Staunen und Spannung.

Die jüngeren Kinder, die noch in einem mehr oder weniger traumhaften Bewusstseinszustand leben, fragen eigentlich immer nach einer Krone, einem Schleier und königlichen Gemächern – in erster Linie natürlich die kleinen Mädchen. Besonders angetan sind sie, wenn man ihnen Weiselwiegen, also die Zellen für den Königinnennachwuchs, zeigen kann.

Für ältere Schüler und Erwachsene steht aber in der Regel die naturwissenschaftliche Anschauung im Vordergrund, und da gibt es über eine Bienenkönigin wirklich genug zu erfahren. Die Königin wird auch Stockmutter genannt, weil sie als voll entwickeltes Weibchen der Ursprung aller Nachkommen des Volkes ist. Im Sommer legt sie täglich bis zu 1.500 Eier. Aus dem 13. Jahrhundert stammt auch der Begriff *Weisel* für die Königin, weil vermutet wurde, dass sie beim Schwärmen des Volkes eine weisende Funktion hat. Dies kann allerdings durch die moderne Forschung nicht bestätigt werden. Die Königin entwickelt sich aus einem befruchteten Ei und wächst in einer zapfenförmigen Weiselwiege innerhalb von sechzehn Tagen heran. Im Larvenstadium wird sie mit Weiselfuttersaft, Gelée Royale, versorgt, welches die Arbeiterinnen in körpereigenen Drüsen nur für sie produzieren. Wenn sich das Volk vermehren will, werden gleichzeitig mehrere Weiselzellen vom Volk gebaut und von der alten Stockmutter bestiftet.

Schlüpft die Königin, so kündigt sie ihr junges Dasein durch einen feinen «Fanfarenton» an, der von eventuellen anderen Jungköniginnen, die sich noch in ihren Weiselwiegen befinden, leise beantwortet wird. Mit ihrem «Trompeteneinsatz» besiegelt die frisch geschlüpfte Jungkönigin ihren Herrschaftsanspruch im Bienenstaat. Das Schicksal der nachfolgenden ungeschlüpften Jungköniginnen ist noch ungeklärt. Das Volk wird entscheiden, ob es sich noch weiter teilt und mit weiteren jungen Weiseln ausschwärmt, also den Stock verlässt, oder ob es die jungfräulichen Königinnen – zum Teil noch in ihren Weiselzellen – tötet. Der Schwarm sucht sich einen neuen Nistplatz oder bekommt eine Wohnung. Die erste geschlüpfte Jungkönigin bleibt zunächst im Stock. Ab ihrem sechsten Lebenstag fliegt sie mehrfach hinaus zu Drohnensammelorten, um sich dort mit mehreren Drohnen zu paaren. Den Samen, den sie beim Hochzeitsflug von den Drohnen aufnimmt, bewahrt sie lebenslang, also bis zu fünf oder sechs Jahre, in ihrer Samenblase auf, wo er seine volle Vitalität behält. Die Stockmutter kann während ihres ganzen Lebens mit diesem Samen nach Bedarf die Eier für ihre weiblichen Nachkommen befruchten. Die Eier, aus denen einmal die männlichen Drohnen schlüpfen sollen, lässt sie willkürlich unbefruchtet und legt diese in Brutzellen, die die Arbeiterinnen in deutlich größeren Formaten ganz in der Peripherie des Brutnestes anlegen.

Der Drohn – das männliche Element im Bienenstaat

Bei den Beobachtungsbesuchen der Bienenvölker im Mai und Juni gibt es in der Nähe des Einflugbereiches der Bienenwohnungen etwas Besonderes zu hören: Zu den von Geschicklichkeit, Fleiß und großer Eile geprägten Fluggeräuschen der unzähligen Arbeiterinnen gesellt sich bei entsprechend warmem Flugwetter ein tiefes Summen hinzu, der männlich anmutende, sonore «Sound» der Drohnen.

Die Drohnen entstehen innerhalb von 24 Tagen aus unbefruchteten Eiern. Sie verkörpern das männliche Element in einem Bienenstaat. Ihre Anzahl liegt bei mehreren Hundert pro Volk. Sie unterscheiden sich durch ihre untersetzte Gestalt, die großen Augen und ihre kräftigen Fühler deutlich von den Stockbienen. Auch sind sie größer als ihre Schwestern und fallen durch behäbige, etwas «tapsige» Flugbewegungen auf.

Ihre Aufgabe ist es, eine Königin am Drohnensammelplatz zu begatten. Danach sterben sie. Männliche Bienen haben keinen Stachel und sind ohne Fütterung durch ihre Schwestern, die Stockbienen, nicht lebensfähig, weil sie nicht über Sammelwerkzeuge für Nektar und Pollen verfügen.

Die Arbeiterin: Raumpflegerin, Amme, Baustoffproduzentin, Architektin, Soldatin, Sammlerin und mehr

Den weitaus größten Anteil am Bienenstaat bilden zahlenmäßig die Arbeiterinnenbienen. Ein gut ausgebautes Volk umfasst im Sommer 30.000 bis 60.000 Tiere zur gleichen Zeit und im Winter 10.000 bis 15.000 Bienen. Die Lebensdauer der Sommerbienen hängt in hohem Maße von ihrer Arbeitsbelastung ab und wird im Durchschnitt mit sechs Wochen angegeben. Winterbienen leben bis zu sieben Monate. Bezieht man den Generationenwechsel im Volk mit ein und berücksichtigt das Lebensalter der Arbeiterinnen zunächst als Stockbiene und anschließend als Sammelbiene, so kommt man auf eine wesentlich höhere Individuenzahl pro Volk. Ein Bienenstaat kann während eines Jahres somit durchaus 150.000 Tiere generieren, die alle von einer Stockmutter abstammen. Die Arbeiterinnenbienen entstehen aus den befruchteten Eiern der Stockmutter. Zwar können auch sie Eier legen, sie tun es aber im gesunden und harmonischen Volk nicht. Ihre Eier sind immer unbefruchtet.

Der Lebenslauf der Arbeiterinnen

Die Entwicklung einer Arbeiterin vom Ei über die Larve bis zum fertigen Insekt sowie das Hineinwachsen in die verschiedenen Aufgaben innerhalb des Bienenstaates sind in der folgenden Grafik verdeutlicht.

Zu erwähnen ist allerdings, dass ein Bienenvolk sehr flexibel auf alle möglichen Besonderheiten wie Witterungsverhältnisse, Schwarmgeschehen usw. reagieren kann, was später beschrieben wird. Es hält sich also nicht in jedem Fall an die in der Grafik auf Seite 72 dargestellten Zeiten.

Die Aufgaben der Arbeiterinnen gliedern sich während des Sommerhalbjahres in den Bereich der Stockbienen, also derjenigen, die nach dem Schlüpfen ein bis ca. zwanzig Tage alt sind, und in den Bereich der Sammelbienen, die mit dem «Außendienst» betraut sind. Sie sterben nach zwei bis drei Wochen Sammeltätigkeit.

Drohn (vorne) und Arbeiterinnen

Der Lebenslauf der Honigbiene

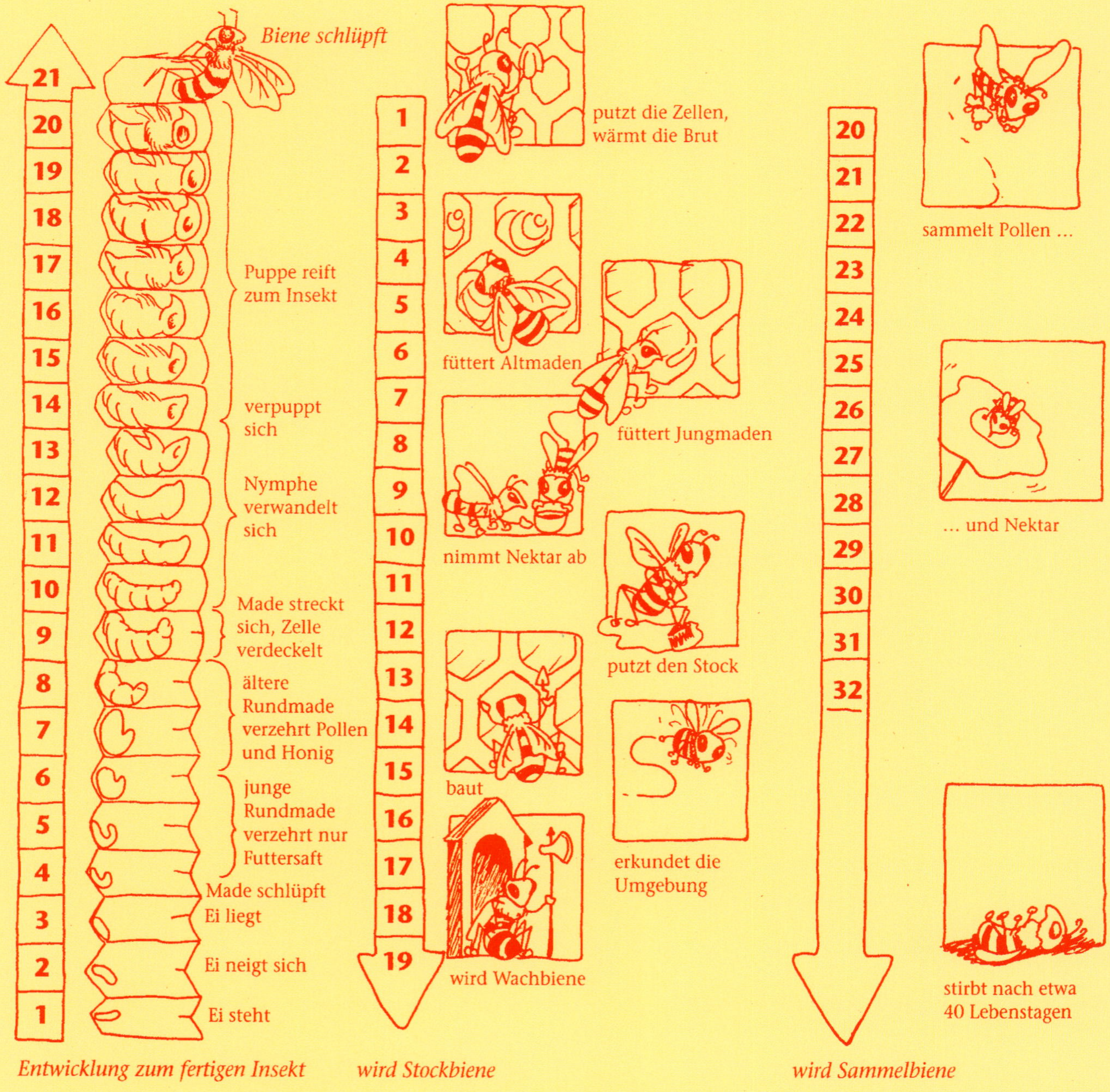

Die Stockbienen erledigen:

- das Putzen der Wabenzellen, damit die Stockmutter neue Eier hineinlegen kann bzw. Honig oder Pollen eingelagert werden kann
- als Ammenbienen das Füttern der Larven. Sie erzeugen eine Art Milch, die aus Pollen, Nektar bzw. Honig und Drüsensekreten besteht. Je nach Alter der Larven variiert die Zusammensetzung.
- das Produzieren von feinen Wachsplättchen aus körpereigenen Wachsdrüsen sowie das Bauen der Wabenzellen für die Arbeiterinnen-, die Drohnenbrut und als Weiselzellen
- das Übernehmen und Einlagern von Pollen und Nektar der Sammelbienen
- das Verwandeln und Eindicken des Nektars zu Honig
- das Verschließen der Brut- und Honigzellen mit Wachsdeckeln
- das Säubern des Bienenstockes und Entfernen toter Bienen
- das Wahrnehmen und Regulieren von Frischluft, Temperatur und Luftfeuchtigkeit in der Bienenwohnung durch Ventilieren mit den Flügeln
- das Bewachen des Bienenstockes als Wächterbiene.

Alle diese vielfältigen Aufgaben werden von den Stockbienen ihrem Lebensalter und Entwicklungsstand entsprechend der Reihe nach arbeitsteilig ausgeführt. Ausschlaggebend ist dabei u.a., zu welcher Drüsensekretion das einzelne Individuum seiner Entwicklung entsprechend bereits fähig ist.

Im zweiten Lebensabschnitt ihres Arbeiterinnendaseins verlässt die Stockbiene ihre Bienenwohnung und wird etwa ab dem zwanzigsten Lebenstag eine Sammel- oder Trachtbiene. Sie versieht also den Außendienst:

- Sie unternimmt erste Orientierungsflüge.
- Sie sammelt Nektar, Wasser, Honigtau, Pollen und Knospenharz.
- Bei ihrer Rückkehr zum Stock übergibt sie das Sammelgut ihren jungen Schwesterbienen zur Verarbeitung.
- Als erfahrene Sammlerin animiert sie die jungen und noch nicht ausgelasteten Sammelbienen zum Besuch ergiebiger Nektar- und Pollenquellen, wobei sie sich der ganz speziellen Bienensprache, der Tanzsprache, bedient.

Ausdruckstanz der Sammlerinnen

Hat eine Sammlerin eine ergiebige Nektarquelle entdeckt, so gibt sie diese Information im Stock an ihre Schwestern weiter. Über einen den Honigbienen ganz arteigenen Tanz vermittelt sie, in welcher Richtung und welcher Entfernung sie welche Trachtart gefunden hat. Bei einer Entfernung von 50 bis 100 m zeigt sie den *Rundtanz* und für weiter entfernte Trachtpflanzen den *Schwänzeltanz*.

In beiden Ausdruckstanzformen der Bie-

Bienenvater Heinz steht seelenruhig inmitten der Schwarmwolke mit der Frage, wo die Bienen sich wohl niederlassen werden.

nen spielt der Sonnenstand eine entscheidende Rolle.

Es gibt aber auch noch andere, zum Teil unerforschte Formen der Bienentanzsprache. Eine Tanzformation deutet auf bevorstehendes Schwarmgeschehen eines Volkes hin. Einige Bienen rempeln ihre Stockschwestern mit schwirrenden Flügelbewegungen an. Durch diese Schwirrläufe wollen sie Schwarmstimmung im Stock verbreiten.

Rundtanz

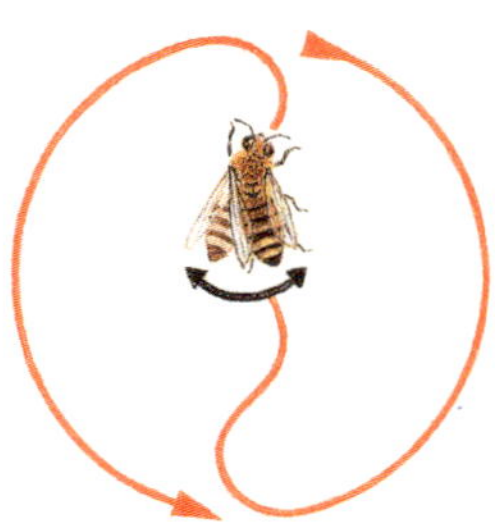

Schwänzeltanz

Für wen schwärmt das Bienenvolk?

Ein Bienenvolk schwärmt, im wahrsten Sinne des Wortes, «auf Gedeih und Verderb» für seine Königin, wenn bestimmte Voraussetzungen gegeben sind. Da die Arbeiterinnenbienen nicht fortpflanzungsfähig sind, können der Fortbestand und die Vermehrung eines Volkes nur durch die Königin gewährleistet werden. Eine Weisel kann fünf, höchstens sechs Jahre alt werden.

Wenn es dem Bienenvolk im Frühjahr richtig gut geht, wenn es im Überfluss mit Pollen und Honig versorgt ist und einige andere Faktoren hinzukommen, dann entschließt sich das Volk, sich zu vermehren und neue Königinnen heranzuziehen. Es baut mehrere Weiselwiegen und zieht darin Königinnenlarven heran. Bevor sie aber nach einer Entwicklungsdauer von sechzehn Tagen schlüpfen, verlässt in der Regel die alte Weisel mit einem Teil des Volkes den Bienenstock, denn mehrere Königinnen vertragen sich nicht in einem Stock. So wird ein neuer Bienenstaat geboren.

Und nun stelle man sich vor, welch großes Abenteuer dieses Schwarmvolk eingeht: Es verlässt alles, was ihm bis dahin als Lebensgrundlage diente – die schützende Wohnung, die Waben mit allen lebenserhaltenden Vorräten und die Brut. Die Arbeiterinnen verlassen lediglich mit gefüllten Honigblasen als «Reiseproviant» den Stock.

In pfeilschnellem Tempo ziehen sie als Schwarmwolke mit ihrer Weisel aus. Bald

Hoch oben im Holunderbusch sammeln sich die Bienen zu einer Schwarmtraube, in ihrer schützenden Mitte die Königin.

darauf sammeln sich die Bienen mit ihrer Königin in einer Schwarmtraube.

Entweder übernimmt nun der Imker diese Schwarmtraube, um sie als Volk bei sich neu zu beheimaten, oder die Kundschafterinnen bzw. Spurbienen des Volkes suchen aus eigener Kraft ein neues Zuhause für ihren «neu geborenen» Bienenstaat. Jeder Imker, aber auch mancher Augenzeuge ohne eigene Bienen, kommt im wahrsten Sinne des Wortes ins Schwärmen beim Erleben eines solchen Naturphänomens. Das Schwarmgeschehen spielt sich rasant mit einer unaufhaltsamen und unbeirrbaren Vehemenz ab, wie man sie auch bei anderen Geburtsvorgängen kennt: Es gibt nur ein Vorwärts, kein Zurück!

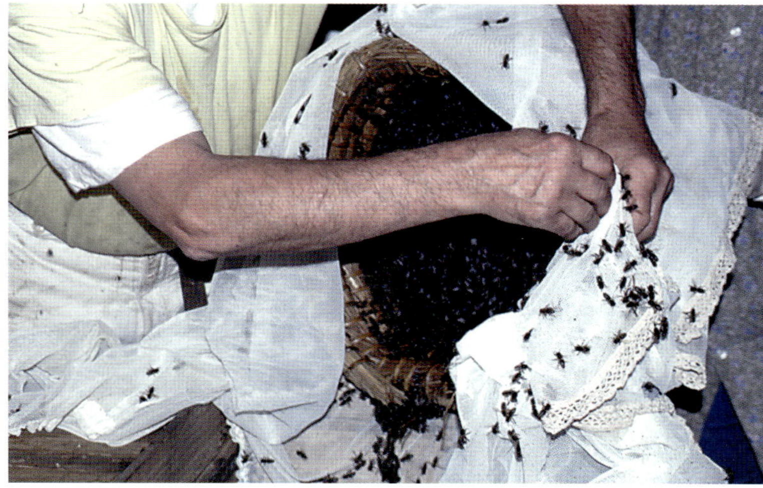

Der Schwarm wird mit Korb geborgen und in den kühlen Keller getragen. Dort findet das Volk sich neu zusammen und kann schließlich eingebürgert werden.

Spannende Schwarmgeschichten gibt es auch aus der Natur-Kinder-Garten-Werkstatt zu erzählen: Es war gleich im zweiten Jahr unserer Bienenhaltung an einem Samstag, Anfang Mai, als es besonders warm und hell im blütenreichen Garten war. Ich beobachtete Bienen, die ungewohnterweise hinter den Bienenwohnungen suchend umherflogen, und zwar im Schattenbereich des schützenden Überdaches. Merkwürdig, wo sie sich doch sonst nur zur Sonne hin orientierten! Am nächsten Tag, am Sonntag – es war Muttertag –, gab es ein riesiges Brausen um den Bienenstand herum – und was geschah? Ein starker Bienenschwarm kam über die Heckenbegrenzung unseres Gartens herbeigeflogen und zog unbeirrt in eine noch leer stehende Bienenwohnung ein, vehement und zielstrebig. Sprachlos, staunend und dankbar beobachtete ich, wie

Königin Alexandra und ihr Bienenvolk werden aus dem braunen Schwarmfangkasten in eine unserer farbenfrohen Bienenwohnungen umgesiedelt.

dieses unerwartete und kostbare Geschenk in den Garten hereingeflogen kam. Es war eines der stärksten Völker, die ich je hatte. Nun dachte ich daran, was einem auf Wohnungssuche befindlichen Bienenvolk wohl widerfahren könnte, wenn es nicht einen Bienenstand mit einer bezugsfertigen Bienenwohnung findet. Ich hatte davon gehört, dass selbst in unserer schönen ländlichen Gegend Schwarmvölker hinter Hausfassaden, unter einer ölgetränkten uralten Schmiedewerkbank oder sogar in einem Schornstein Einzug hielten, wo sie natürlich nicht überleben können. Also entschloss ich mich, vorsichtshalber, wieder eine leere Bienenwohnung unter meinem Schutzdach aufzustellen. Als dann zehn Tage später wiederum bei gleißendem Sonnenschein Christi Himmelfahrt (Vatertag) war, gab es abermals ein gewaltiges Brausen im Garten, und es ist die reine Wahrheit: Wiederum zog ein starkes Schwarmvolk in die vorsichtshalber aufgestellte Wohnung ein. Auch dieser Schwarm hatte tags zuvor Spurbienen ausgeschickt, um das neue Zuhause zu finden. So gab es ein Muttertagsvolk und ein Vatertagsvolk in der Natur-Kinder-Garten-Werkstatt. Ein Wunder, oder? Unser Bienenstand hat seitdem immer ein «Zimmer frei» für heimatlose Bienenschwärme.

Ja, und dann kam Königin Alexandra. Bienenvater Alexander brachte dieses überaus tüchtige Schwarmvolk Anfang Juni 2009 in seinem Schwarmfangkasten in die Natur-Kinder-Garten-Werkstatt, wo wir es behei-

Oben links: Aus ganz frischem, hellem Jungfernwachs bauen die Arbeiterinnen eine neue Wabe, und Königin Alexandra (mit weißer Markierung) legt bereits die ersten Eier in die fertigen Zellen.

Oben rechts: Das geübte Auge sieht die winzigen Eier (Stifte) in den einzelnen Zellen liegen.

Unten links: Dieses besonders fleißige Schwarmvolk baute pro Woche eine Zarge (Stockwerk) mit zehn Waben aus.

Unten rechts: Dunklen Waldhonig lagerten die Arbeiterinnen in das weiße Wachs ein.

mateten. Fast unglaublich, wie dieses Volk in ein- bis zweiwöchigen Abständen drei ganze Zargen (Stockwerke) mit feinstem weißem Jungfernwachs ausbaute, ein umfassendes Brutnest anlegte und den freien Platz noch mit dunklem Honig bestückte. Von Königin Alexandra und ihrem Volk stammen die Aufnahmen auf Seite 77.

Das Bienenvolk und der Jahreslauf

Werden, Sein und Vergehen des Biens stehen in enger Verbindung mit dem stetigen Wandel der Jahreszeiten, und zwar in unmittelbarer Abhängigkeit von der Pflanzenwelt.

In Nässe, Kälte und Dunkelheit der *Winterzeit* zieht sich das Bienenvolk in aller Stille zu einer Wintertraube zusammen und ruht. Jetzt pflegt das Volk keine Brut. In ihrer Mitte schützen, nähren und wärmen die Arbeiterinnen ihre Königin. Der Bienenstaat umfasst im Winter ungefähr ein Drittel der Individuenzahl, die das Sommervolk hatte, und begnügt sich mit geringen Mengen seines Honigvorrates aus dem Sommer. Von diesem Futtervorrat ernährt sich das Volk nicht nur, sondern verwandelt ihn durch Muskelvibrationen auch in Wärmeenergie. Um es in ein kindgemäßes Bild zu setzen: «Wenn es draußen frostig ist, zittert sich das Bienenvolk gewissermaßen warm.»

Bereits beim ersten warmen Sonnenschein im *Spätwinter* oder in der *Vorfrühlingszeit*, wenn die Außentemperaturen kurzfristig bei mindestens 10 bis 12 °C liegen, unternehmen die Winterbienen einen *Reinigungsflug* (Toilettengang) in die nächste Umgebung ihres Stockes. Sie entledigen sich dann ihrer Verdauungsrückstände. Ihr besonderer Sinn für äußerste Sauberkeit in der Bienenwohnung gestattet ihnen das Absetzen von Verdauungsschlacken nur außerhalb des Stockes, da sich sonst Krankheitskeime ausbreiten könnten. In ländlichen Gegenden nutzen die Menschen häufig diese ersten warmen Sonnenstrahlen, um ihre Wäsche draußen zum Trocknen aufzuhängen. Und nichts haben die Bienen als Ziel für ihren Reinigungsflug lieber als frische Wäsche der Menschen, wenn sie nicht zu stark nach Waschmittel oder gar nach Weichspüler riecht. Dort hinterlassen sie dann sehr farbechte Tupfen in erdigen Gelb- bis Olivtönen, die sich besonders auf heller Wäsche abheben. Ist der Winter sehr lange und pausenlos kalt, geraten die Bienen in lebensbedrohliche Not, wenn sie nicht abkoten können.

Sind in der Umgebung des Stockes Weiden- und Haselsträucher, Hamamelis (Zaubernuss), Winterjasmin und Frühblüher wie Winterling, Schneeglöckchen, Blaustern und Krokus angepflanzt, so können sich die hungrigen Winterbienen mit einer ersten Pollen-Eiweißgabe laben, um sich allmählich Kraft für die bald beginnenden Arbeiten der nächsten Vegetationsperiode zu holen.

Und schon ganz bald, wenn das Licht und die Wärme des *beginnenden Frühlings*

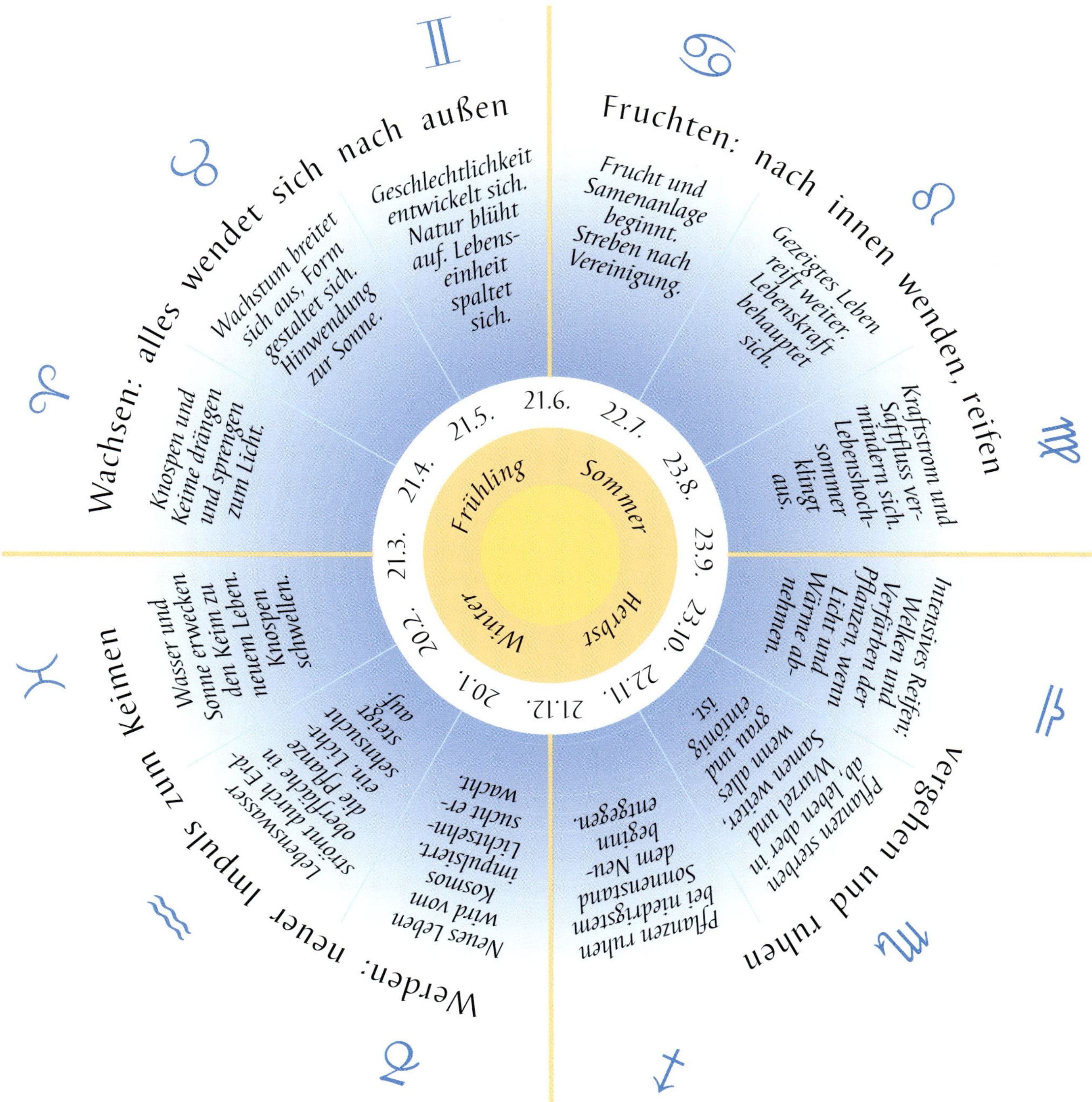
Wachsen: alles wendet sich nach außen
Fruchten: nach innen wenden, reifen
Vergehen und ruhen
Werden: neuer Impuls zum Keimen
Knospen und Keime drängen und sprengen zum Licht.
Wachstum breitet sich aus, Form gestaltet sich. Hinwendung zur Sonne.
Geschlechtlichkeit entwickelt sich. Natur blüht auf. Lebenseinheit spaltet sich.
Frucht und Samenanlage beginnt. Streben nach Vereinigung.
Gezeigtes Leben reift weiter. Lebenskraft behauptet sich.
Kraftstrom und Saftfluss vermindern sich. Lebenshochsommer klingt aus.
Intensives Reifen; Welken und Verfärben der Pflanzen, wenn Licht und Wärme abnehmen.
Pflanzen sterben ab, leben aber in Wurzel und Samen weiter, wenn alles grau und eintönig ist.
Pflanzen ruhen bei niedrigstem Sonnenstand dem Neubeginn entgegen.
Neues Leben wird vom Kosmos impulsiert. Lichtsehnsucht erwacht.
Lebenswasser strömt durch Erdoberfläche, die Pflanze in ein. Lichtsehnsucht steigt auf.
Wasser und Sonne erwecken den Keim zu neuem Leben. Knospen schwellen.
21.3.
21.4.
21.5.
21.6.
22.7.
23.8.
23.9.
23.10.
22.11.
21.12.
20.1.
20.2.
Frühling
Sommer
Herbst
Winter

Klassisch schöne Brutwabe: in der Mitte gelb verdeckelt, umgeben von weiß verdeckelten Honigzellen.

zunehmen, beginnt die Stockmutter wieder Eier in frisch geputzte Wiegenzellen zu legen. Da ihre Eier die Form eines winzigen senkrechten Stiftes haben, nennt der Imker diesen Vorgang *«bestiften»*. Zwar sind die Eier sehr klein, das geübte Auge kann sie aber mit ein wenig Geduld und Übung bald erkennen.

Jetzt ist es wichtig, dass die Temperatur des *Brutnests* im Innenraum der Bienenwohnung von den Arbeiterinnen auf 35 °C gehalten werden kann. Damit sich die erste junge Brut in einem geschlossenen und damit warmen Brutnest entwickelt, entnimmt der Imker die von den Bienen über Winter entleerten Futterwaben, schiebt die Waben mit frischer Brut zusammen und setzt eine vorläufige, provisorische Trennwand zum übrigen, noch ungenutzten Raum ein. So ist die Arbeit der Heizerinnen effektiver, als wenn sie überflüssigen Raum erwärmen müssen.

Die Arbeiterinnen sorgen für den ersten Nektar der Frühlingsblüher und tragen dicke gelbe Pollenhöschen ein, um aus diesen ersten Gaben der Blütenpflanzen mithilfe ihrer körpereigenen Futtersaftdrüsen die Schwesternmilch hervorzubringen; denn diese braucht die frische Brut. Beginnt das Volk *Ende März, Anfang April* wieder zu wachsen und schlüpfen die ersten Jungbienen, dann sterben die alten Winterbienen allmählich ab. Durchlenzen heißt dieser Vorgang in der Fachsprache. Diesen Übergang beobachtet der Imker aufmerksam. Er sucht den richtigen Zeitpunkt, um dem Bienenvolk die Möglichkeit zu geben, das Brutnest langsam zu erweitern. Nach und nach setzt er weitere Holzrähmchen ein, in denen die Bienen ihre Waben bauen können.

Im *April* und *Mai*, wenn die Haupttrachtzeit beginnt und den Bienen ein üppiges Blütenangebot zur Verfügung steht, haben die Bienenvölker einen recht guten Zuwachs, und wir müssen uns entscheiden, ob wir die Wohnung des Biens um ein Stockwerk erweitern oder andernfalls Schwarmstimmung beim Volk fördern möchten. Denn, wie schon gesagt, wenn der Wohnraum zu eng wird, bereitet sich das Volk auf eine Teilung, auf die Geburt eines neuen Volkes, vor.

Bei guten Witterungsbedingungen explodiert die Entwicklung eines Biens ab *Mitte Mai und im Juni* bis zur *Sommersonnenwende* förmlich, sodass eine Anzahl von bis zu 50.000 Bienen pro Volk aufgebaut wird. Und alle Aufgaben werden in wundersamer sozialer Arbeitsteilung erfüllt, als sei es die größte Selbstverständlichkeit der Welt. In dieser Zeit wird bei sogenannten Magazinbeuten eine dritte Wohnetage – Zarge heißt es in der Fachsprache – aufgesetzt, und besonders fleißige Völker brauchen ein viertes Stockwerk. Es ist eine unsäglich betriebsame Arbeitsatmosphäre an einem Bienenstand in dieser Jahreszeit. Die Bienen summen vom ersten frühen Morgensonnenstrahl bis zum Sonnenuntergang fünfzehn bis sechzehn Stunden lang von Blüte zu Blüte, in emsiger Eile. Hastig saugen sie mit ihrem Rüssel Nektar ein, baden strampelnd in farbigen Blütenkelchen, während sie mit ihren Vorderbeinchen die Pollenhöschen an den borstigen Hinterbeinen zum Abtransport befestigen. Dann geht's eilig, eilig zum Stock zurück, wo die Schätze abgeliefert und verwandelt werden – und wieder hinaus in die duftende, blühende Sommerwelt. Ein sechsjähriges Mädchen beobachtete aus einer kleinen Entfernung das pulsierende Aus und Ein, das Hinaus, Hinauf und Herunter der Bienen am Stock und sagte dann: «Die Bienen stricken Honig.» Der Imker und die Imkerin bevorzugen diese Jahreszeit für die erste *Honigernte* und sehen zu, dass die Bienen in ihrem Stock genügend Lagerplatz für neuen Nektar und Pollen haben.

Aber *nach der Sommersonnenwende*, wenn der Stock berstend voll frischen, duftenden Honigs getragen worden ist, verändert sich

allmählich das friedliche Verhalten unserer Honigbienen. Sie spüren, dass Anfang Juli die Tage langsam kürzer werden, die Sonne ihren Zenit überschritten hat. Aus dem Blickwinkel des Bienenvolkes beginnt jetzt der Winter, und die Bienen sind bemüht, ihren Honigvorrat zu verteidigen. Will man in dieser Jahreszeit Honig ernten, ist besondere Achtsamkeit geboten! Das Wagnis der Honigernte im Hochsommer gehen wir in der Natur-Kinder-Garten-Werkstatt aus Sicherheitsgründen *nicht* in Gegenwart von Kindern ein. Beim Schleudern aber sind uns die kleinen Schleckermäuler wieder herzlich willkommen.

Nach abgeschlossener Honigernte – *Ende Juli, August* – beginnen sich Imker und Imkerinnen einem sehr wichtigen, aber tragischen Kapitel in der Bienenhaltung zuzuwenden: der *Gesundheitspflege* der Bienenvölker. In den Siebzigerjahren wurde von deutschen Bienenwissenschaftlern die *Varroa-Milbe*

Bienenvater Alexander bei der Kontrolle unseres Schaukastenvolkes.

eingeschleppt. Diese Milbe lebt als Parasit in ihrer Heimat im Gleichgewicht mit der indischen Honigbiene. Sie ist ein Fluch für europäische Bienenvölker und bedeutet ihren schnellen Tod. So müssen wir alle Bienenvölker in Mitteleuropa Jahr für Jahr ein Drittel des Jahreslaufes mit Verfahren zur Krankheitsbekämpfung traktieren – ein bitteres Kapitel für alle Bienenbesitzer! Varroa-Milben sind für die Bienen vergleichsweise annähernd so groß, als hätten wir Menschen Zecken von Kaninchengröße an uns, die uns plagen und aussaugen. Varroa-Milben schädigen besonders die Brut. Ganze Völker brechen in der Herbst- und Winterzeit zusammen, wenn man nicht nach der Honigernte beginnt, die Plagegeister zu bekämpfen. Die Bienen in der Natur-Kinder-Garten-Werkstatt werden mit Ameisensäure gegen Varroa behandelt.

Sobald der Winter mit Kälte, Nässe und Dunkelheit richtig Einzug hält, wird es ruhig im Bienenstaat: Die Bienen ziehen sich zu einer Wintertraube zusammen. Die Königin in ihrer Mitte wird von den Arbeiterinnen gehegt und gepflegt, geschützt, genährt und gewärmt. Die Bienen, die in den Außenbereichen der Traube aus den Winterfuttervorräten schöpfen, werden von den Schwestern abgelöst, ehe sie in die drohende Kältestarre geraten. In der Dunkelheit des Bienenstockes vollzieht sich eine ständige, aber ruhige Bewegung innerhalb dieser Wintertraube: von außen nach innen in die begehrte Wärme und wieder nach außen. Der Ruf des Lebens nach sich selbst verlangt dem Bienenvolk in winterlicher Besinnlichkeit eine ganz andere Solidaritätsleistung ab als im sommerlichen Ausleben, nämlich die des Durchhaltens.

4. Die Produkte der Bienen. Verwandlungskünstlerinnen in Aktion

von Irmgard Kutsch

Einen großen Raum würde wohl eine biochemische Fabrik einnehmen, in der das geschieht, was sich an substanziellen Verwandlungsprozessen in einem Bienenstock abspielt. Bienenwachs, Bienenbrot aus Pollen, Honig aus Nektar, Schwesternmilch als Futtersaft für die jungen Larven, Propolis, Gelée Royale als Königinnenfutter und Bienengift entstehen durch Substanzen, die die Bienen in den unterschiedlichen Jahreszeiten aus der Pflanzenwelt sammeln und ganz arteigen zum kostbaren Endprodukt verwandeln. Viele körpereigene Drüsenabsonderungen, Fermente, Enzyme und mehr ermöglichen diese Substanzverwandlungen. Ist es nicht eigentlich unfassbar, dass ein Bienenvolk, also ein Bien, während des Frühsommers auf 50.000 Bienen anwachsen kann? Ungefähr 60 kg Pollen werden von einem gut entwickelten Volk während einer Vegetationsperiode gesammelt. Er dient in erster Linie als Nahrung für die schnell wachsende Brut. 50 bis 70 kg Honig produziert ein starkes Volk in einer guten Bienensaison und unter günstigen Blühverhältnissen, wovon man den Überschuss von 10 bis 30 kg ernten darf. Das meiste des gesammelten Honigs sieht der Imker nie, da er zum Wärmen des Brutnestes verwendet wird. Ungefähr 1 kg Wachs kann pro Volk und Sommer entstehen. Substanzen wie Propolis, Gelée Royale und Bienengift kommen in nur geringen Mengen vor, sind aber auch von großer Bedeutung für das Funktionieren des Sozialstaates.

Links: In dieser Wabe befinden sich viele noch verdeckelte Brutzellen; ist die Brut geschlüpft, wird Honig oder Pollen eingelagert.

Bienenwachs – kaum mit Gold aufzuwiegen

Eine Honigbiene ist ab dem zehnten bis zwölften Tag ihres Arbeiterinnenlebens in der Lage, aus vier Paar Drüsen, die sich rechts und links am Hinterleib befin-

Frisches, weißes Jungfernwachs hat das Schwarmvolk produziert.

Zwei kleine, frei gebaute Waben: links für weibliche, rechts für männliche Brut. Die Größenunterschiede sind deutlich erkennbar!

Sieht man genau hin, erkennt man in jeder Zelle ein winziges, längliches weißes Ei.

den, winzig kleine Wachsplättchen auszuschwitzen. Ungefähr 1.250.000 dieser Wachspartikelchen ergeben 1 kg Wachs, und das entspricht der Jahresproduktion eines Bienenvolkes. Bienenwachs ist ein genialer Baustoff, und noch genialer ist die Art und Weise, wie die Bienen damit umgehen, und zwar in der «stockdunklen» Finsternis ihrer Bienenwohnung. Sie bauen ihre Waben nämlich in der berühmten Sechseckstruktur. So kann *eine Wabe mit einem Gewicht von 40 g Wachs Honig bis zu 2 kg Gewicht aufnehmen*, ohne sich zu verformen. Die jungen Arbeiterinnen «schwitzen» das Wachs aus ihren Körperdrüsen in Wachstaschen hinein. Aus diesen holen sie es hervor, führen es zu den Kiefern, wo sie es mit Speichel vermischen; dann kneten sie die Mischung sorgfältig durch und liefern sie bei den Baubienen ab. Für ein Gramm Wachs schwitzt eine Biene ungefähr 1.200 kleine Wachsplättchen aus. Ein Bauwerk beginnt mit dem zufälligen Ankleben der kleinen Wachsplättchen an einem stabilen Untergrund – nein, eigentlich müsste man «Obergrund» sagen, weil Waben immer von oben herabhängend gebaut werden, egal, ob im hohlen Baum, im Strohkorb oder im Baurahmen, den der Imker anbietet.

Die Bienen bauen ihre Waben doppelseitig mit jeweils ca. 12 Millimeter tiefen Zellen. Für die *weibliche Arbeiterinnenbrut*, die innen im Brutnest angelegt wird, lassen die Baubienen Wiegenzellen mit etwas mehr als 5 mm Innendurchmesser entstehen. Sie bilden den Hauptteil des Brutnestes. Die Zellen werden wiederholt bebrütet, können aber auch als Vorratskämmerchen für Honig und Pollen genutzt werden. Im Außenbereich des

In der Mitte dieser Wabe liegt verdeckelte weibliche Brut, am Rand links unten befinden sich wenige männliche Brutzellen; sie haben eine hellgelbe, etwas erhabene Verdeckelung; dazwischen sind Honig und Pollen.

Brutnestes fertigen die «Bauarbeiterinnen» Zellen mit etwa 7 mm Innendurchmesser für die *Drohnenbrut*. Dort hinein wird die Königin unbefruchtete Eier für ihre männlichen Nachkommen legen. Die wenigen Königinnenwiegen oder *Weiselzellen*, die eine Bienenkolonie baut, werden oft am unteren Rand einer Wabe angelegt, können aber prinzipiell überall entstehen. Sie sind mit ihrer sackartigen Form besonders auffällig, weil sie auch wesentlich größer als alle anderen Wabenzellen gebaut werden. Ist die Königin geschlüpft, baut das Volk die Weiselzelle wieder ab und gestaltet etwas Neues aus dem Wachs.

Eine Besonderheit sei noch erwähnt: Benachbarte Waben haben immer einen ungefähr gleichen Abstand; von Wabenmitte zu Wabenmitte sind es etwa 35 mm. Mehr darf es nicht sein, weil sonst die Brutnesttemperatur von 35 °C nicht aufrechterhalten werden kann. Bei weniger Abstand würde aber ein logistisches Problem entstehen, weil die Arbeitsbienen nicht aneinander vorbeikommen könnten, um die Larven zu versorgen, die Schätze einzulagern usw. Übrigens benutzen die Bienen ihre fein gebauten Wachswaben auch als Tanzboden, und zwar um ihren ganz arteigenen Schwänzeltanz ausüben zu können. Mit dieser besonderen *Tanzsprache* teilen sie ihren Mitarbeiterinnen mit, in welcher Richtung, welcher Entfernung welche Menge und was es an Tracht in der Umgebung des Stockes zu holen gibt. Im Hinblick auf den Schwänzeltanz sind die Waben, die von den Bienen ganz frei gebaut werden, diejenigen, die am besten schwingen; denn in der «Stock-Dunkelheit» sind die Bienen darauf angewiesen, die Tanzschwingungen ihrer Schwestern wahrzunehmen. Imker setzen oft gegossene *Wachsmittelwände* in ihre Baurahmen ein, um den Bienen das Bauen zu erleichtern. Diese haben den Nachteil, dass sie wegen ihrer Starrheit die Schwingungen der Tänzerinnen viel schlechter übertragen, hingegen den Vorteil, dass die Waben beim Schleudern nicht so schnell zerbrechen.

Honig – das himmlische Süß der Götterbotinnen

Bienen sind Tiere, die während des Sommers zwischen Himmel und Erde leben. Sie sind auf das Innigste verbunden mit den Blüten. Bienen und Blüten bilden eine intime Lebensgemeinschaft und bedingen einander. Durch ihre Farbenpracht und unwiderstehlich gute Düfte laden blühende Pflanzen die Bienen ein, Nektartröpfchen von den Böden ihrer Blütenkelche aufzunehmen. Dabei baden die Bienen ganz beiläufig im Blütenstaub und nehmen von diesem feinen Blütenmehl etwas in ihr Haarkleid auf. Der Blütenstaub wird nun sozusagen per Luftexpress von der Biene zu den nächsten gleichartigen Pflanzen mitgenommen und dient dort der Befruchtung und damit den weiteren Existenzgrundlagen. Den aufgesogenen Nektar der während eines Sammelausfluges besuchten Blüten liefert sie bei ihren Stockschwestern in der Bienenwohnung ab. Diese verwandeln den Nektar durch hoch komplizierte biochemische

Annähernd komplett verdeckelte Honigwabe

Prozesse in ihrem Innern zu Honig. Bei der chemischen Analyse von Honig durch den Deutschen Imkerbund lassen sich ca. *180 verschiedene Inhaltsstoffe* entdecken. Man findet: *Enzyme* (Fermente): Glucoseoxidase, Phosphatase, Diastase, Invertase und Katalase; *Vitamine:* Vitamin C, B1, Vitamin-B2-Komplex, Vitamin B und H; *Mineralien:* Kalium, Natrium, Calcium, Phosphor, Schwefel, Chlor, Eisen, Magnesium; *Säuren:* Gluconsäure, Apfel-, Zitronen- und Milchsäure u.a. *Aminosäuren:* Prolin, Leucin / Isoleucin, Asparagin- und Glutaminsäure, Phenylalanin, Threonin, Alanin, Arginin, Histidin, Glycin, Lysin, Serin, Valin und Cystin; *Hormone:* Acetylcholin, Inhibine: Flavonoide, Glucoseoxidase / Wasserstoffperoxid und weitere Bactericide; *Aromastoffe:* Carbonsäure und Ester, z.B. Phenylessigsäureester; *Kohlenhydrate:* Traubenzucker, Fruchtzucker; Disaccharide (z.B. Maltose) sowie Trisaccharide; Wasser.

Natürlich bedarf es eines guten biochemischen Grundlagenwissens, um zu verstehen, was sich hinter all diesen Begriffen verbirgt. Die Zusammenstellung der Inhaltsstoffe lässt uns aber erahnen, dass Honig nicht allein wegen seiner köstlichen Süße oder als Energiespender, sondern auch von hoher gesundheitlicher Bedeutung ist. Übrigens: Eine Sammelbiene trägt von den Blüten eines Sammelausfluges 25 bis 30 mg Nektar ein, d.h. ungefähr ein Drittel ihres eigenen Körpergewichts. Als blütentreue Sammlerin fliegt sie – und ihre Schwestern ebenso – während eines Trachttages immer die gleichen Blüten an, was zu relativ sortenreinem Honig innerhalb einer Honigwabe führen kann. In 500 g Honig steckt eine Flugstrecke von insgesamt bis zu 140.000 km; das bedeutet umgerechnet ca. das Dreieinhalbfache des Erdumfanges an Flugleistung in einem 500g-Honigglas. Diese Erkenntnis hat in der Natur-Kinder-Garten-Werkstatt zu der (Un-)Sitte geführt, dass die Kinder beim Essen von Honigbroten ihre Streichmesser ablecken dürfen; natürlich ganz vorsichtig! Selbstverständlich nur in unserem Beisein! Nichts von dem köstlichen und kostbaren Sonnengold darf im Abwasch landen; das kann sich auf diese Weise wirklich jedes Kind merken. – Und so dürfen wir diese uns ganz eigene Form der Erziehung zum Wertbewusstsein für Honig vielleicht unter der Rubrik «Erziehungskunst» eingliedern.

Sammelausflug in der Kirschblüte

Auch die Hummel hat im Blütenpuder gebadet.

Besonders kostbar als erste Nahrungsquelle im Frühjahr: der Winterling

… Haselnuss …

… und Hamamelis-Zaubernuss

Pollen – Blütenpuder als Powerspender

Der erste Pollen gibt den Bienen im zeitigen Frühjahr die Lebenskraft nach dem langen, kalten und dunklen Winter zurück. Dieser Pollen wird vom Winde verweht und ist daher sehr leicht. Der spätere Pollen wird vor allem von den Insekten verteilt und ist viel gehaltvoller und biologisch wertvoller. Ohne Pollen können die kostbaren Drüsensekrete der Bienen nicht gebildet werden, die über den Winter versiegen. Weder Schwesternmilch für die jungen Larven noch Gelée Royale für die Königin wird ohne eiweißreiche Pollennahrung produziert. Wachs für den Wabenbau sowie Propolis für die Gesundheitspflege des Volkes stehen ebenso im engen Zusammenhang mit Pollennahrung wie auch die Bildung von Bienengift, das ein Bienenstaat schließlich zu seiner Verteidigung braucht. Vom Pollen gelangt übrigens immer eine kleine Menge in den Honig, sodass der Imker über eine schlichte Pollenanalyse Aufschluss über die Zusammensetzung des Honigs bekommt. Die Pollen variieren je nach Pflanzenart in Farbe und Form. Hier eine Übersicht der Pollenfarben nach Bernd Dany:

Blütenpollen

Gelée Royale – Designerfood für die Königin

Die Königin eines Bienenvolkes – die Weisel – wird ausschließlich mit Gelée Royale, dem Weiselfuttersaft, ernährt. Sie allein ist es, die während der Brutzeit vom Frühjahr bis zum Herbst täglich bis zu 1.500 Eier legt, um für den Fortbestand und das Weiterleben ihres Bienenstaates zu sorgen. Diese Höchstleistung kann sie nur mit ihrem Spezialfutter erbringen. Die Stockschwestern produzieren es aus ihren körpereigenen Futtersaftdrüsen, vorausgesetzt, sie ernähren sich selbst u.a. mit erstklassigem, eiweißreichem Pollen. In der Natur-Kinder-Garten-Werkstatt gibt es gelegentlich Völker, die eine größere Anzahl von Weiselzellen anlegen, um neue Königinnen heranzuziehen. Es ergibt sich dann die Gelegenheit, eine winzige Menge Gelée Royale zu probieren. Wir tauchen sehr behutsam einen kleinen Holzspan oder die Rückseite eines Streichholzes in den Weiselfuttersaft ein, der Farbe und Konsistenz von weißem Holzleim aufweist. Wir kosten und sind erstaunt: Gelée Royale hat einen leicht bitteren, etwas harzigen Geschmack. Es verfügt über Inhaltsstoffe, die aufbauend und kräftigend bei Sportlern und Rekonvaleszenten wirken, aber auch den meisten anderen Menschen guttun. Selten treten allerdings Allergien auf.

Propolis – das natürliche Antibiotikum im Bienenstock

In kurzer Zeit hat der Bienenschwarm das Lüftungsgitter seiner neuen Wohnung mit Propolis abgedichtet.

Was verbirgt sich hinter dem geheimnisvollen Namen «Propolis»? In der griechischen Sprache bedeutet «pro» vor und «polis» Stadt. Propolis bedeutet also «vor der Stadt». In der Welt der Bienen ist Propolis eine Substanz, mit der die Arbeiterinnen den Eingangsbereich ihrer Wohnung auskleiden, um das Einschleppen von Krankheiten zu verhindern. Propolis wirkt antibiotisch; es ist sogar ein hoch wirksames natürliches Antibiotikum, das fast ausschließlich positive, aber kaum negative Nebenwirkungen hat. Propolis wird auch als Kittharz bezeichnet. Holzrisse oder überflüssige Öffnungen im Bienenstock werden mit Propolis verschlossen bzw. zugekittet; denn auch die Bienen haben nicht gerne Durchzug in ihrer Wohnung. Und weil die Bienen es von klebrigen Knospenüberzügen in der Pflanzenwelt ernten, heißt das Propolis zudem auch noch Knospenharz. Es ist für die Bienen sehr mühevoll, dieses *Knospenharz* zu gewinnen. Wir können das braune, wachsige Material am besten bei den klebrigen Knospenhüllen der Kastanien erkennen. Die Bienen besuchen aber auch Weidenbäume und Pappeln, um sich das harzige Baumwachs zu holen. Haben sie es mühsam abgelöst, tragen sie es als braune Höschen in ihren Pollensammelkörbchen an den Hinterbeinen in den Stock. Dort übernimmt eine Stockbiene das harzige Baumwachs und knetet es mit Pollenöl, Speichel und Bienenwachs so lange durch, bis es weich ist. Mit dieser Masse werden nun alle Bereiche im Bienenstock bestrichen, an denen sich Krankheitserreger entwickeln könnten. So haben sich unsere Honigbienen eine Möglichkeit geschaffen, unmittelbar beim Eintritt in ihre Behausung ihre sechs Füßchen nicht nur gut zu reinigen, sondern auch noch zu desinfizieren.

Diese vier jungen Bienenfreunde haben schon Bekanntschaft mit einem Bienenstachel und seinem Gift gemacht, wie auf ihrem Gemälde deutlich zu sehen ist …

Bienengift – bestechende Wirksamkeit

Menschen, die sich oft in der Natur aufhalten oder gerne mit bloßen Füßen über blühende Sommerwiesen laufen, erleben ihn zwar selten, aber doch einprägsam: den heftigen Schmerz bei einem Bienenstich. Selbstverständlich wehren die Bienen sich, wenn sie in Lebensgefahr geraten, wenn man sie versehentlich in eine Notlage bringt, sie unbemerkt in der Kleidung einklemmt oder auf sie tritt. Attackiert fühlen sie sich aber auch, wenn man ihnen mit starken Parfüm- oder Waschmittelwolken, Alkoholfahnen oder Knoblauchduft entgegentritt. Besonders «wirksam» sind kosmetische Produkte für Hairstyling bei Menschen, die sich dem Bienenstock nähern, um die Bienenabwehr zu aktivieren. Man mache sich klar: Die emsigen Bienen orientieren sich im Stockdunkel ihrer Wohnung u.a. durch feine und feinste Geruchsnuancen, die sie mit Geruchssensoren an ihren Fühlern wahrnehmen. Über Düfte orten sie, welche «Schätze», die sie aus der Natur nach Hause tragen, an welchen Orten im Stock lagern und in welcher Weise sie weiter bearbeitet oder zu welchem Zweck sie verbraucht werden sollen. Über ihren Geruchssinn nehmen sie den Aufenthaltsort ihrer Königin im Dunklen wahr. Jede Biene, die in die Wohnung hinein will, wird über ihren Geruch von den Wächterinnen als Freundin oder Feindin identifiziert.

Dass diese fleißigen Tierchen sich durch oft penetrante Duftmarken der Menschen empfindlich in ihrer Betriebsamkeit gestört und zu «bestechender» Abwehr aufgerufen fühlen, ist doch erklärlich, oder? Da das die meisten Besucher der Natur-Kinder-Garten-Werkstatt wissen und sich entsprechend rücksichtsvoll verhalten, sind in den zwölf Jahren mit zeitgleich bis zu acht Bienenvölkern mit jeweils bis zu 50.000 Bienen auf dem 1.100 m² kleinen Grundstück insgesamt fünf Gäste von je einer Biene gestochen worden. Das ist doch ein Beweis von großer Verträglichkeit!

… dennoch reichen sie den Bienen selbstverständlich die Hand.

Wenn jemand gestochen wird, behandeln wir den Stich folgendermaßen:

- den Stachel sofort herausziehen
- fragen, ob eine Bienengiftallergie vorliegt; ist das der Fall, sofort in ärztliche Behandlung begeben. Ansonsten wird der Stich und seine Umgebung mit einem Essigläppchen betupft und gut gekühlt.
- Währenddessen beruhigend und erklärend mit dem Betreffenden sprechen. Ihm mitteilen, dass ein Stich zwar kurze Zeit sehr weh tut, das Bienengift aber über große Heilwirkung verfügt, für die Durchblutung sorgt und gut gegen entzündliche Gelenkerkrankungen ist.
- Sobald sich ein Mensch außerhalb der Wahrnehmungsfähigkeit von Bienen, also im geschlossenen Raum, aufhält, kann ein Honigverband angelegt werden: ein sauberes Tuch messerrückendick mit Honig bestreichen und auflegen. Dieser zieht das Gift heraus und lindert Schmerz und Juckreiz. Es kann das homöopathische Mittel Apis gegeben werden. Im Grunde genommen heilt ein Bienenstich aber auch ganz von allein und ohne Behandlung, es sei denn, es handelt sich um Allergiker.

«Willst du zu den Bienen gehn, lass Parfüm und Haargel stehn.» Wer diesen einprägsamen Spruch beim Bienenbesuch beherzigt, lebt noch risikoärmer.

Multitalent Honigbiene – rätselhafte Fragen und unglaubliche Antworten zum Bienenquiz

Auflösung:

1. Man kann vieles aufzählen, u.a. Sonne, Blütenpflanzen, Wasser, eine Bienenwohnung, ein gesundes Volk usw.
2. Königin, Drohnen, Arbeiterinnen
3. Von ihr stammen alle Nachkommen des Volkes ab. Sie kann bis zu sechs Jahre alt werden und im Sommer bis zu 1500 Eier am Tag legen.
4. Wabenbau, Brutpflege, Honigproduktion, Bienenbrot und Gelee Royale herstellen, Wabenpflege, Wachdienst, heizen, kühlen, belüften
5. Drohnen
6. Damit ein neuer Bienenstaat ins Leben kommt.
7. Die Arbeiterinnen
8. Lebenslang
9. Er sollte nicht wärmer als 40 Grad sein.
10. Aus Pollen und Honig, die von den Bienen gemischt, verknetet und milchsauer vergoren werden
11. Zu Bienenwachsauflagen, Salben, Kerzen, zum Plastizieren usw.
12. Beispielsweise gegen rheumatische Erkrankungen. Apis wird homöopathisch zur Desensibilisierung eingesetzt.
13. Sie sind aus Wiegenzellen für die Brut und dienen auch zum Einlagern der Nahrung, außerdem zum Erhalten der lebensnotwendigen Temperaturen für das Bienenvolk.
14. Vorwiegend von Blütenknospen

Links: Insektenbesuch in der Färberwaidblüte.

Bienenquiz

1. Was braucht ein Bie-
nenvolk zum Leben?
2. Aus welchen Mitgliedern besteht ein
Bienenvolk?
3. Welche Aufgaben hat die Bie-
nenkönigin?
4. Welche Aufgaben führen die Arbeiterbie-
nen im Stock aus?
5. Wie heißen die männlichen Bienen?
6. Warum schwärmt ein Bienenvolk?
7. Wer produziert Gelee Royal im Bienenstock?
8. Wie lange wird die Bienenkönigin mit Gelee Royal gefüttert?
9. Wie isst du deinen Honig am besten, damit er seine
Wirkung voll entfaltet?
10. Woraus besteht Bienenbrot?
11. Wozu verwendet der Mensch Bienenwachs?
12. Wogegen hilft Bienengift in der Medizin?
13. Wozu dienen die Waben im Stock?
14. Woher nehmen die Bienen
Propolis?

5. Der Jahresrhythmus in der Natur und Aktivitäten mit Kindern im Bienengarten

von Irmgard Kutsch

Der natürliche Jahresrhythmus zieht sich wie ein deutlich wahrnehmbarer roter Faden durch die gesamte inhaltliche Arbeit der Natur-Kinder-Garten-Werkstatt (siehe Anhang 1, S. 152 ff.). Aus dem Jahreszeitengeschehen leitet sich ab, welche Tätigkeiten bevorzugt gewählt werden, was allerdings nicht verbindlich, sondern als Vorschlag gemeint ist. Jahreszeitliche Notwendigkeiten sind es, die dem Imker und der Imkerin weisen, was am Bienenstand und für die wildlebenden Arten zu tun ist. Für Kinder ist es eine Hilfe, sich auf der Erde zu beheimaten, wenn sie im Einklang mit den Jahreszeiten leben dürfen, die hier in Mitteleuropa mit dem ständigen Wechsel von Sommer und Winter, von Frühling und Herbst einhergehen.

Aus einem pädagogischen Denken heraus, das im kosmisch- irdischen Geschehen der Jahreszeiten wurzelt, entstanden auch die entsprechenden Bücher zur *Natur-Kinder-Garten-Werkstatt* mit den Bänden Frühling, Sommer, Herbst und Winter (siehe Anhang). Sie beinhalten grundlegende Gesichtspunkte, die auch für dieses Buch gelten und somit hier nicht mehr ausführlich beschrieben werden sollen.

Honignehmer schnitzen

Seit Urzeiten befassen sich die Menschen im *Januar* und *Februar* mit ihrem Nutzholz, ***Januar*** das sie beispielsweise zum Bauen und zum Heizen brauchen. Kälte und Dunkelheit bewirken Winterruhe in der Pflanzenwelt. Das Holz, das jetzt nicht im Saft steht, ist sozusagen «gefriergetrocknet». Es hat viel weniger Gewicht als im Sommer und ist dadurch leichter zu ernten. Früher widmete man sich dem Holzeinschlag auch im Winter, weil frostbedingt die Transportwege durch ihre Festigkeit gut passierbar waren, denn alle Arbeiten mussten mit Menschenkraft, Pferdestärken und elementarer Technik bewältigt werden. Unsere Kinder hören sich solche Schilderungen meist sehr interessiert an und leisten oft eigene spannende Gesprächsbeiträge dazu. Manche bringen Illustrationen aus Büchern oder Fotos vom eigenen Wintererleben zum Thema mit. Wenn wir in dieser Jahreszeit mit offenen Augen durch Wald und Flur gehen, dann sehen wir Bäume und Sträucher in ihrer ganz eigenartigen Ausgestaltung, denn sie offenbaren sich uns nackt, ohne ihr sommerliches Blätterkleid. Mit geschultem Kennerblick lassen sich schöne Astgabeln, vielgestaltige Wurzelhölzer oder ebenmäßig gewachsene Rundholzabschnitte finden, die wir zum Gestalten von originellen Honignehmern verwenden. Dabei ist jedes Stück ein Unikat und lässt (ebenso mit Kennerblick betrachtet) viel vom Wesen und Wirken seines Erschaffers erkennen.

Honignehmer lassen sich aus frischem oder trockenem, abgelagertem Holz schnitzen. Sie bieten mit ihren bescheidenen Ausmaßen ein reiches Experimentierfeld, denn es kann ja nicht viel schiefgehen. Entstehen irgendwo Trockenrisse, fordern sie dazu auf, eine andere Form herauszuarbeiten, oder man nimmt mutig und unbeschwert einen völlig neuen Anlauf.

Februar

Werkzeuge: Man braucht Küchen- oder Handschnitzmesser, grobe und feine Holzraspeln sowie Schleifpapier mit Korngröße 80 bis 240. Möglichst geschmacksneutrales Speiseöl und ein Läppchen für die Nachbehandlung verwenden.

Will man Holz, besonders Rundholz mit Holzraspeln, bearbeiten, so ist eine Werkbank mit Schraubstock sehr hilfreich.

Bienenwohnungen mit Bienenwachsfarben bemalen

Im *Februar* kann die Vorfrühlingssonne gelegentlich schon so warm und lichtvoll scheinen, dass sie die ersten Schneeglöckchen, den leuchtend gelben Winterling, Blausternchen und Huflattiche aus der Erde hervorlockt. Bald folgen Krokusse, Lungenkraut und Schlüsselblumen. Für unsere Bienen sind auch Weiden und Hasel von großer Bedeutung, um im Frühjahr an erste eiweißhaltige Pollennahrung zu kommen. Das Bienenvolk hat schließlich die ganze kalte Jahreszeit über in der Dunkelheit des Bienenstockes in einer Wintertraube überlebt, indem es von den Futtervorräten der vergangenen Vegetationsperiode zehrte. Wenn die Bienen die Dunkelheit ihres Stockes

in dieser Jahreszeit zu ersten Reinigungs- und Erkundungsflügen verlassen, fühlen sie sich von den Farben der Blüten gleichsam magisch angezogen. Schließlich laden die Blumen sie zu einer ersten Blütenstaub- und Nektargabe ein. Von der ersten Frühlingssonne auf den Schulhof der Freien Waldorfschule Oberberg gelockt, wollen die Kinder der «Offenen Ganztagsschule» eine mehrstöckige Bienenwohnung bemalen. Neugierig tragen sie die Einzelteile hinaus, wo sie sie unter fachkundiger Anleitung wie ein hölzernes Puzzle zusammenfügen und somit Bauweise und Funktion kennen- und verstehen lernen.

Diese Bienenwohnung besteht aus harzig duftendem unbehandeltem Fichtenholz mit einem Boden, der als Einflugbereich gestaltet ist. In den inneren Einflugbereich wird die Bausperre eingelegt. Sie ähnelt einem Gitterrost fürs Bett und dient dazu, dass die Bienen im Frühsommer ihren Einflugbereich nicht bebauen können, was das Volk einengen und den Imker bei seinen Pflegearbeiten hindern würde. Über dem Bodenraum ist es möglich, bis zu vier Stockwerken aufzusetzen, die in der Fachsprache Zargen heißen. In die Zargen hinein hängt der Imker jeweils zehn hölzerne Rähmchen. Bringt man in die-

sen Rähmchen Bienenwachsstreifen oder -mittelwände an, fühlen sich die Bienen zukünftig eingeladen, genau dort ihre kunstvollen Waben aus Wachs entstehen zu lassen.

Dachgarten

Verschlossen wird der Turm mit einem Isolierdeckel aus einer Weichfaserplatte. Um einen zusätzlichen Schutz vor Regen, Hagel, Schnee und Sturm zu geben, kann man diese Bienenwohnungen mit einem wannenartigen Metalldeckel versehen.

Nun ist es erforderlich, eine Behausung für Bienen aus rohem Holz sorgfältig von außen gegen Nässe zu schützen. Um dies kindgemäß und bienenfreundlich zu tun, kam die Idee, Stockmar-Bienenwachsfarben einzusetzen. Im Umgang mit Bienenwachsblöckchen waren die Kinder bereits sehr geübt. Sie gestalteten damit feinste Malstrukturen wie Bienenbeinchen, Blütenstiele und Schmetterlingsfühler auf dem Fichtenholz ebenso souverän wie große, kräftig leuchtende Farbflächen. Mit viel Ausdauer und Kreativität bekam das mehrstöckige Bienenwohnhaus eine wirklich so dichte Farbbeschichtung, dass kein Regentropfen, kein Nebelhauch und kein Hagelkorn dem Holz in Zukunft zu nahe rücken kann. – Erstaunlicherweise beteiligten sich auch Kinder mit zum Teil stark ausgeprägter Hyperaktivität bei unseren sehr besonderen, kreativen «Holzschutzarbeiten» und zeigten ungewohnt viel Ausdauer beim geschickten Umsetzen ihres großen Einfallsreichtums.

Die Bienen fühlen sich vom Leuchten und vom vertrauten Duft der Bienenwachsfarben gleich eingeladen und schauen den Kindern beim Malen zu. Die Kinder sind durch dieses Erleben natürlich hoch motiviert.

Huflattich-Honig-Sirup herstellen

Huflattich (Tussilago farfara) blüht mit strahlend gelben Korbblüten im zeitigen Frühjahr an mageren Standorten wie steinigen Brachflächen, Böschungen und Wegrändern. Dort kann man ihn leicht entdecken, weil er erst seine auffälligen Blüten und später die Blätter entwickelt. Huflattich hat gute Heilkräfte gegen Husten, besonders in Kombination mit Honig.

Huflattichblüten von sehr sauberem Standort pflücken, in reine Schraubgläser füllen und mit flüssigem Honig auffüllen, bis sie bedeckt sind. Die Gläser zuschrauben und bei Zimmertemperatur vier Wochen ziehen lassen. Die Mischung aus Honig und Huflattich wird zu einem dünnflüssigen Sirup und kann abgeseiht werden.

Bei Husten dreimal täglich einen Teelöffel Huflattich-Hustensaft nehmen und auf der Zunge zergehen lassen.

Anlegen von Weidenbauwerken in Gärten für Kinder

Das Gestalten mit Weiden in Außengeländen für Kinder ist ausführlich in unserem Buch *Natur-Kinder-Garten-Werkstatt: Frühling* beschrieben. Wann, wie und wo Weiden geerntet werden können, welche Arten sich eignen, wie man sie lagert und was beim Verbauen beachtet werden sollte, findet man in unserem Frühlingsband genauso wie unterschiedliche Bauprinzipien.

Anhand einiger aktueller Bildbeispiele möchten wir zum Anlegen von gemütlichen Lauben, lichten Zäunen und grünen Klassenzimmern ermutigen.

So schön, wie Weidenbauelemente mit ihrem lebendigen Licht- und Schattenspiel im Sommer für das menschliche Auge und Wohlgefühl im Garten sind, so wichtig sind die Blüten der Weiden, die Weidenkätzchen, als erste eiweißreiche Pollennahrung für die Bienen im Frühling. Pollen von Weiden,

Die vier oberen Fotos zeigen Staudenstützen und Beeteinfassungen aus Weidengeflecht

Verbindungen werden durch Flechten und Kreuzen hergestellt.

Aufstellen einer Rankhilfe

Oben: Arbeitsplatzästhetik beim Bau einer Weidenlaube. Unten: Weidenbauwerke in der Betriebskindertagesstätte der Firma Weleda.

Lebendiges Möbelstück im Garten: Ruhesitz für Menschen und Nahrungsquelle der Bienen

Hasel und Zaubernuss (Hamamelis), von Schneeglöckchen, Winterling, Krokus und all den anderen Frühlingsblühern dienen dazu, das Brutgeschehen im Bienenstaat nach langer Winterzeit wieder in Gang zu bringen. Je zeitiger, lückenloser und artenreicher diese «Kraftkost» im Angebot der umgebenden Natur zu haben ist, umso besser kann das Volk in ein neues Bienenjahr starten.

Nistmöglichkeiten für Wildbienen und Hummeln bauen

Wie viele Arten von Hautflüglern es in unserer Region gibt, welche wichtigen Aufgaben sie zur Erhaltung des ökologischen Gleichgewichtes haben und mit welchen arteigenen Besonderheiten sie uns begegnen, wurde in Kapitel 2 schon beschrieben.

April

Baumaterialien, die man beim Nisthilfenbau für Wildbienen, Hummeln, Wespen und Hornissen verarbeiten kann, sind einfach und kostengünstig zu beschaffen.

Beginnt man in den Monaten *März und April* mit dem Bau von Insektenhotels, erleichtert man bereits den ersten Vertretern ihrer Gattung, in unserer Umgebung Fuß zu fassen, und kann dazu beitragen, den verschiedenen Arten eine zuverlässige, stabile Heimat zu geben, wo sie bedingt Schutz vor übermäßiger menschlicher Zivilisation, Wetterreskapaden und Nahrungsmangel finden.

Anlegen von Lebensräumen für Bienenweidepflanzen

Im *Mai*, wenn die letzte Frostgefahr vorbei ist, wird es höchste Zeit, dafür zu sorgen, dass unsere fleißigen geflügelten Freunde auch dann Nahrung finden, wenn die Wiesen gemäht und viele Trachtpflanzen verblüht sind. Da gibt es in naturnahen Gärten zahlreiche Möglichkeiten, mit einfachen Mitteln eine ganze Menge zu erreichen.

Halten sich in einem Garten viele Kinder auf, so gilt es, beruhigte Bereiche zu schaffen, in denen Pflanzen wachsen und Tiere leben können. Kinder sind in der Regel bemüht, Rücksicht auf Pflanzen und Tiere zu nehmen, wenn sie Vorbilder haben, die einen respektierlichen Umgang mit allen Kreaturen pflegen. Zum anderen brauchen Kinder deutliche Beetgrenzen, die ihnen helfen, einen Schonraum für Pflanzen ohne Mühe von einem Weg für ihre flinken Füße zu unterscheiden. Schließlich ist beides wichtig und muss bei der Planung gut ausgewogen werden.

Kräuterpflanzen für die Bienen

Ein großer Teil der üblichen Küchenkräuter wirkt im blühenden Zustand wie ein Magnet auf die blütenbestäubenden Insekten. Zu ihnen gehören: Pfefferminze, Melisse, Zitronenmelisse, Lavendel, Anisagastache, Zitronenthymian, Calendula, Salbei, Rosmarin, Oregano, Majoran, Liebstöckel, Estragon, Basilikum, Beifuß, Bohnenkraut, Petersilie, Schnittlauch, Paprika, Dill, Arnika, Bärlauch, Fenchel, Meerrettich, Knoblauch, Sellerie, Rucola, Borretsch, Ysop, Wermut, Weinraute, Brennnessel, Eberraute, Baldrian, Pimpinelle, Kapuzinerkresse, Bergbohnenkraut, Thymian.

Diese Kräuterpflanzen üben ihre Anziehungskraft nicht nur auf die Bienen aus, sondern auch auf den Menschen. Viele dieser Kräuter können im Mai gepflanzt werden. Bei geringem Platzangebot setzt man sie in Körbe und Wannen, in Töpfe und Kannen oder auch in eine Kräuterspirale und achtet gut darauf, dass sie nicht in Staunässe leben müssen. Überflüssiges Gieß- oder Regenwasser sollte immer nach unten entweichen können. Für alle diese Kräuterpflanzen ist die Sonne ganz wichtig, damit sie ihr ganz arteigenes Aroma ausbilden, was die Bienen unwiderstehlich einlädt.

In der Natur-Kinder-Garten-Werkstatt ha ben wir Schilder mit den Kräuternamen in vielen Sprachen entwickelt, weil wir feststellten, dass sich unser interkulturell bunt gemischtes Publikum von den Kräutern mit ihren speziellen Aromen sehr angezogen fühlt, genauso wie unsere Bienen.

Werden die Küchenkräuter bis in den Juli hinein tüchtig beerntet, sodass sie erst ab August blühen, dann haben die Honigbienen die Möglichkeit, sich für die kalte Winterzeit Nektar und Pollen mit gesund

Die Bildnummern entsprechen der Kräuterliste

erhaltenden bzw. heilenden Kräften in ihren Vorrat einzutragen.

In der Natur-Kinder-Garten-Werkstatt haben wir viele Möglichkeiten der Kräuterverarbeitung mit Kindern entwickelt. Viele finden sich in dem Buch *Natur-Kinder-Garten-Werkstatt: Sommer*.

Steht eine große Menge an Kräutern zur Verfügung, beteiligen sich Kinder gerne bei der Kräutersalzherstellung.

Mehrsprachige Liste beliebter Kräuter

	Deutsch	Botanik	Englisch	Französisch	Spanisch	Italienisch	Türkisch	Russisch
1	der Salbei	Salvia officinalis	sage	la sauge	la salvia, la banderilla	la salvia	adaçayı, meryemiye	шалфей
2	der Rosmarin	Rosmarinus officinalis	rosemary	le romarin	el romero	il rosmarino	biberiye	розмарин
3	der Oregano, auch Origano	Origanum vulgare	oregano, origan	l'origan (m)	el orégano	il oregano	yabani mercanköşk baharatı	душица обыкновенная
4	der Majoran echter Majoran Wilder Majoran	Origanum majorana	marjoram sweet marjoram origan	la marjolaine	la mejorana, el orégano	la maggiorana	mercanköşk	майоран душица
5	der Liebstöckel	Levisticum officinale	lovage	la livèche	apio del monte, apio levístico	il levistico, il ligustico il sedano di monte	selâmotu	любисток
6	der Estragon	Artemisia dracunculus	tarragon	l'estragon (m)	el estragón, el dragoncillo	il estragone, il dragoncello	tarhun	эстрагон
7	das Basilikum	Ocimum basilicum	basil	le basilic	la albahaca	il basilico	fesleğen, reyhan	базилик
8	der Beifuß	Artemisia vulgaris	mugwort	l'armoise	la artemisa, hierba de San Juan	la artemisia	pelin	чернобыльник
9	das Bohnenkraut	Satureja hortensis	savory summer savory	la sarriette	la ajedrea ajedrea de jardín	la santoreggia	kekik	чабер [бот.]
10	die Petersilie	Petroselinum crispum	parsley	le persil	el perejil	il prezzemolo	maydanoz	петрушка
11	der Schnittlauch	Allium schoenoprasum	chives (pl)	la ciboulette, la civelle, la cive	el cebollino	la cipollina erba cipollina	soğancık chives	Зеленый лук
12	der Paprika, die Paprika	Capsicum annuum	capiscum (bot), pepper (spice), pepper (vegetable)	le paprika, le piment (cuis) le poivron	la páprika (bot), el pimentón (bot), el pimiento, el ají	la paprica, paprika (gew), il peperone il peperoncino,	Biber	перцы
13	der Dill	Anethum graveolens	dill	l'aneth (m), fenouil bâtard (cuis)	el abesón, el aneldo, el eneldo, hediondo, hinojo hediondo	il aneto	dereotu	укроп
14	die Brennnessel	Urtica spec.	nettle	la ortie	la ortiga	la ortica	Isırgan, ballıbaba, ısırgan gibi batmak	крапива
15	der Bärlauch	Allium ursinum	bear's garlic, wild garlic, wood garlic	ail des bois, ramsons, ail des oursgarlic	el ajo de oso	il aglio orsino	yabani sarımsak	черемша

	Deutsch	Botanik	Englisch	Französisch	Spanisch	Italienisch	Türkisch	Russisch
16	der Meerrettich	Armoracia rusticana	horseradish	le raifort	rábano picante	armoraccio, barbaforte, crenno, rafano, ramolaccio	horseradish	хрен
17	der Knoblauch	Allium sativum	garlic	il ail	el ajo	il aglio	sarımsak	чеснок
18	der Sellerie	Apium vapaceum	celeriac, celery, smallage	l'ache (f), le céleri	el apio	il sedano	Kereviz	сельдерей
19	der Rucola, auch Rukola	Rucola spec.	rocket, arugula, roquette	roquette	la rucola	la rucola	roket	ракеты,руколой
20	die Weinraute	Ruta graveolens	rue	rue	la ruda	la ruda	sedefotu	рута
21	der Borretsch	Borago officinalis	borage	la bourrache	la borraja	la borragine	Hodan	Огуречник аптечный
22	der Ysop	Hyssopus officinalis	hyssop	l'hysope (f)	el hisopo	il issopo	cördük, zufa otu, çördük otu	иссоп аптечный
23	die Eberraute	Artemisia abrotanum	Southernwood	Southernwood	ajenjo	abrotano	Southernwood	Кустарниковая полынь
24	die Pimpinelle die Bibernellen	Pimpinella anisum	burnet, pimpernel	la pimprenelle	murajes	mordigallina	farekulağı	очный цвет
25	die Kapuziner-kresse	Tropaeolum spec.	nasturtium, Indian cress	capucin	capuchina	nasturzio	lâtin çiçeği	настурция, капуцин
26	das Bergbohnen-kraut	Satureja montana	mountain Savory, saturia	mountain savory saturia	montaña savory	mountain savory	dağ savory	горный чабер, сатурия
27	der Fenchel	Foeniculum vulgare	fennel	le fenouil	el hinojo	il finocchio	rezene	фенхель
28	die Melisse	Melissa officinalis	balm, melissa	la mélisse	la melisa	la melissa	balm	бальзам
29	die Pfefferminze	Mentha x piperita	peppermint	menthe poivrée	la menta	la menta	nane şekeri	мята перечная
30	der Wermut	Artemisia absinthium	vermouth	il vermouth	el vermut	il vermout, il assenzio	Vermut, pelin otu	Полынь, вермут
31	die Arnika	Arnica montana	arnica	l'arnica (f)	la árnica	la arnica	Arnika,arnika ilacı	арника
32	die Ringelblume Calendula	Calendula officinalis	marigold, calendula	le souci	la caléndula	la calendula	kadife çiçeği	бархатцы
33	der Lavendel	Lavandula officinalis	lavender	la lavande	el espliego, la lavanda	la lavanda	lavanta	лаванда
34	der Baldrian	Valeriana officinalis	valerian	la valériane	la valeriana	la valeriana	kediotu	Валериана, валерьянка

Legende der Tabellenfarben:

- Würzkräuter
- Teekräuter
- Heilkräuter

Oben: Kräutersalzherstellung

Blumen für die Bienen

Über die wichtige Bedeutung der Frühlingsblüher für die Bienen haben wir bereits gesprochen. Wir können unseren Garten aber auch mit Pflanzen bestücken, die sich zur Sommersonnenwende hin und danach mit ihrem Blütenkleid schmücken und Bienen einladen.

In Gärten für Kinder und Bienen sind vielleicht Blumen mit ihren offenen Blütenformen besonders gut geeignet: Anemonen, Seifenkraut, Margeriten, Johanniskraut, Mohn, Sonnenhut, Echinacea und natürlich Sonnenblumen in allen Größen (siehe die Fotos auf S. 112).

Als ganz besonderer Insektenliebhaber hat sich im Garten der Natur-Kinder-Garten-Werkstatt der leuchtend gelb blühende Färberwaid erwiesen. Allerdings ist er zwei-

Links: Gelb blühender Färberwaid als Insektenweide
Rechts: Ernte des schieferschwarzen Färberwaidsamens

Wilde Möhre, Hahnenfuß und Wiesenknöterich

Sonnenblume

Äcker-, Schutt- und Kiespflanzen: Mohn- und Kornblumen

Gelber Korbblütler mit Wildbiene

Storchschnabel

Roter Sonnenhut (Echinaceae)

jährig. Man braucht Geduld mit ihm; wenn man in diesem Jahr seine schieferschwarzen Samen aussät, bildet er zwar Wurzeln und eine Blattrosette aus, blüht aber erst im nächsten Jahr.

Mehr Informationen über die Auswahl von Kräutern, Stauden und Sträuchern sowie Saatgut für ein- und mehrjährige Blumenmischungen finden Sie unter www.bluehende-landschaft.de

Keimende Bohnen

Bienenbesuch – und …

… die ersten Früchte zeigen sich.

Gemüseernte – ohne Bienen nicht möglich!

Gaumenfreude und Augenweide

Nicht vergessen: Saatgut für das nächste Jahr trocknen und verwahren.

Auch die *Gemüseernte* ist ohne Bienen nicht möglich!

Wir werden oft genug fragend angeschaut, wenn wir das behaupten. Dass das Gemüse, das wir auf dem Markt kaufen, auch aus Samen erwächst, die von Bienen befruchtet werden, lebt nicht mehr im Bewusstsein der Konsumenten.

So kann man exemplarisch wenigstens Bohnen in Töpfen ziehen, um Kindern die Zusammenhänge zu verdeutlichen (siehe die Fotos oben).

Pollenportionen

Sammeln, Trocknen und Verarbeiten von Blütenpollen

Juni Im *Mai und Juni*, also unter den astrologischen Tierkreiszeichen Stier und Zwillinge, entwickelt die Pflanzenwelt durch Wärme und Lichtintensität der Sonne innerhalb kürzester Zeit eine üppige Blütenfülle. Wir beobachten die emsigen Bienen, wie sie von Blüte zu Blüte fliegen, um nicht nur Nektar aufzunehmen, sondern auch den Blütenstaub mit ihrer bürstenartigen Beinbehaarung zu transportfähigen Pollenhöschen zu formen. Dieses nennt der Imker in seiner Fachsprache «höseln». Oftmals kehren sie aber auch völlig bedeckt von Blütenmehl, wie nach einem Puder-Vollbad, zu ihrem Stock zurück und werden dort von ihren jüngeren Schwestern willkommen geheißen mit den Schätzen, die sie aus dem sommerlichen Blütenmeer mit ins Heim bringen. Und es ist so ein großes Wunder, wie Pollen, Nektar und Knospenharz durch körpereigene Drüsensekrete, Fermente und Enzyme der Bienen verwandelt werden zu Honig, Wachs und Bienenbrot, zu Schwesternmilch für die Larven und zu Gelée Royale, dem Königinnenfutter, nicht zuletzt aber auch in Bienengift, was den kleinen Tieren viel Respekt bei großen Honigräubern verschafft.

Aus dem überreichen und vielgestaltigen Angebot von Blütenpollen tragen die Bienen in dieser Zeit oft wesentlich mehr Pollen ein, als sie für den Eigenbedarf des Volkes brauchen. So ist es verantwortbar, in Spitzenzeiten des Pollenangebotes in der Natur Blütenpollen für den menschlichen Gebrauch mithilfe einer Pollenfalle am Flugloch zu sammeln. Das feine Blütenmehl beinhaltet nämlich ein hohes Maß an vitalisierenden Stoffen, die insbesondere das menschliche Immunsystem sowie die Regenerations- und die Reproduktionsfähigkeit stärken.

Die abgebildete Universal-Pollenfalle erlaubt im Gegensatz zu vielen anderen Fallentypen, die im Inneren der Bienenwohnung liegen, den Blick ins Geschehen, was ja für unsere Kinder wichtig ist. Sie sieht aus wie eine kleine, überdachte Terrasse, die man vor dem Einflugbereich der Bienenwohnung anbringen kann. Auf der Ebene des Einflugbereiches befindet sich ein feines, waagerecht liegendes Gitter, ähnlich wie man es von Fliegenfenstern kennt. Darunter ist eine kleine, flache Sammelwanne angebracht. Es wird ein senkrechtes

Lochgitter eingeschoben, welches die Bienen passieren, wenn sie ins Innere des Stockes wollen. Ein Dach schützt die gesamte Vorrichtung vor Regen und Wind. Kommen die Bienen nun mit ihren Pollenhöschen an den Hinterbeinen heimgeflogen und passieren das Lochgitter, so wird ein Teil der feinen gesammelten Blütenmehlkörnchen wie an einem Fußabtreter abgestreift und fällt in die kleine Wanne, wo der Imker sie am Ende eines schönen Sommertages ganz frisch entnehmen kann. Je nach Wetter enthält der frische Pollen mehr oder weniger Feuchtigkeit, sodass er sorgfältig getrocknet werden muss, wenn man ihn aufheben will.

Frischer, feuchter Pollen ist ein willkommener Nährboden für Schimmelpilze und muss deshalb unmittelbar nach der täglichen Ernte zum Trocknen ausgebreitet werden. Gut getrockneter Pollen ist in dunklen, verschlossenen Gläsern bis zu zwei Jahre haltbar.

In der Natur-Kinder-Garten-Werkstatt verwenden wir zum Trocknen einfache, aus Leisten gebaute und mit Fliegengaze bezogene Trockenhürden für den Blütenpollen. Eine andere Möglichkeit ist das Trocknen in den Sieben des Dörrgerätes, wenn sie zuvor mit Gaze oder Verbandmull belegt wurden. Der Pollen darf nur in einer dünnen Schicht auf die Trockenvorrichtung gelegt werden, sodass er von allen Seiten von Sonnenwärme und sanftem Wind umspielt werden kann. Je öfter die Pollenkörnchen im Laufe eines Tages bewegt und gedreht werden, umso schneller trocknen sie. Dies ist eine sehr beliebte Aufgabe bei den Kindern. Noch mehr Freude bereitet ihnen das Einfüllen der Pollen in Schraubgläser mithilfe eines großen Trichters, was in der Regel nach zwei bis drei Trockentagen geschehen kann.

Pollenfalle, vor einer Bienenwohnung angebracht

Beim Sammeln und Verarbeiten von Pollen gibt es für die Kinder viel zu erleben. Die Pollenhöschen der verschiedenen Pflanzenarten haben sehr unterschiedliche Farben. Am Bienenhaus der Natur-Kinder-Garten-Werkstatt haben wir eine Blütenpollen-Farbskala angebracht. Die Kinder entwickeln schnell einen «Kennerblick», um bereits am Flugloch zu sehen, welche Pollenart die Bienen einbringen: So sind beispielsweise die Pollenhöschen der Löwenzahntracht leuchtend dunkelorange, die der Kleearten dunkeloliv bis grünbraun und die der Himbeere hellbeige bis hellgrau.

Die Pollenportionen auf dem Foto (S. 116) sind die jeweilige Tagesmenge eines Volkes an einem warmen Tag im Mai, die mit der Universal-Pollenfalle geerntet wurde.

Pollen werden auf Trockenhürden ausgebreitet und später in Schließdeckelgläser gefüllt.

Verwendung von Blütenpollen

Pollen hat einen sehr eigenen, leicht zitronigen Geschmack. Er hat zusätzlich aber auch eine Geschmacksnuance, die manche Kinder in konzentrierter Form nicht so gerne mögen, und das ist das Aroma, das wir von duftendem Heu kennen. Viele Kindernasen empfinden den Geruch meist als sehr angenehm, manche Kindergaumen lehnen diesen Geschmack aber deutlich ab.

Blütenpollen sollte vor Verwendung in der menschlichen Nahrung mit einer Kaffeemühle, Mörser und Stößel oder Ähnlichem zerkleinert werden, da er so vom menschlichen Organismus wesentlich besser aufgenommen werden kann.

Seine heilende und stärkende Wirkung kann der Pollen sicher am besten im menschlichen Organismus entwickeln, wenn man über den Tag verteilt immer wieder eine Löffelspitze voll vor den Mahlzeiten auf der Zunge zergehen lässt. Am besten wird der Pollen vom Darm aufgenommen, wenn er vorher in Quark, Joghurt oder Honig eingeweicht wurde.

Gerne gemocht wird das kostbare Blütenmehl, wenn es dünn über Müsli, Quark- oder Joghurtspeisen, auf Brot und besonders auf Knäckebrot gestreut wird.

Pollenhonig: Pollen und flüssiger Honig wird zu gleichen Volumenteilen gemischt und als Brotaufstrich verwendet.

Honigernte

Wenn die Sonne im *Mai* und im *Juni* ihren höchsten Stand und ihre größte Kraft hat, tragen die Bienen aus ihrer blühenden Mitwelt enorm viel Nektar ein, den sie zu Honig verwandeln. Voraussetzung ist allerdings, dass sie statt öder landwirtschaftlicher Monokulturen bunte Blütenmischungen an Acker- und Wegrandstreifen finden. Mehr und mehr Landwirte haben mittlerweile das Wohl der Bienen im Bewusstsein und mähen ihre Wiesen in versetzter Abfolge, um verhindern zu helfen, dass die Bienen mitten im Sommer verhungern müssen. Und so ist spätestens Anfang Juli bei gut entwickelten Völkern die richtige Zeit, von diesem Honig zu ernten. Da kommen einem Fragen, wenn man seine Bienenvölker liebt und ihren unsäglichen Fleiß achtet. Gehört man nicht zum hinterhältigen Ausbeuterkader auf diesem Planeten, wenn man diesen liebenswerten emsigen Geschöpfen das nimmt, was sie mit so viel Mühe und Arbeit zu himmlischem Süß verwandelt haben? So haben sie beispielsweise, wie erwähnt, eine Flugstrecke von ca. 140.000 km zurückgelegt, um den Nektar für 500 g Honig zu sammeln.

So ging ich, als ich 1998 gerade frischgebackene Besitzerin von zwei jungen Ablegervölkern war, mit einem Litermaß zu meinem Imkervater, als er mich zum ersten Honigschleudern einlud, und kam mir da schon äußerst unbescheiden vor, eine so «üppige» Honigmenge von meinen «Neuen» zu erwarten. Er aber lachte, holte ein 10-Liter-Gefäß aus seiner Honigküche, und siehe da, nicht einmal das war groß genug für die erste Ernte. 15 kg Honig hatten meine beiden jungen Völkchen mir beschert, was die Wertschätzung ihnen gegenüber um ein Vielfaches steigerte.

Und der Bienenvater erklärte mir, dass ein Bienenvolk wesentlich mehr Honig produziere, als es für sich selbst brauche. Wie so oft in der Natur herrscht auch hier ein reicher Überfluss, der vom Bien auch Mitgeschöpfen anderer Gattungen als Lebensgrundlage zur Verfügung gestellt wird – wenn auch nicht kampflos, wie man vom Honigbär weiß.

Lassen wir Imker unsere Bienen auf dem Honig sitzen, so kann das zu Verstimmungen im Volk, zu Trägheit und Anarchie führen, erklärte er weiter; der unbeirrbare Arbeitseifer des Bienenstaates wird nämlich «ausgebremst», wenn die angelieferten Schätze aus der Natur wegen akuten Platzmangels nicht entgegengenommen und weiter verarbeitet werden können. Nun, diese Erklärung erschien mir plausibel. Sicher wären wir auch verärgert und enttäuscht, wenn wir nach einer anstrengenden Einkaufstour für unsere Lieben schwer beladen heimkehrten mit all unseren Schätzen, aber leider wegen Platzmangels nicht eingelassen werden könnten und vor der Tür stehen bleiben müssten. Diese Einsicht half mir, keine Skrupel mehr wegen meiner «Honigräuberei» zu haben, aber immer danach zu streben, sie in verantwortbaren, bienenfreundlichen Maßen zu halten.

Wie geht die Honigernte vor sich?

Während unsere Urahnen vor vielen tausend Jahren auf hohe Bäume klimmen und in halsbrecherischer Art und Weise in gefährliche Felsspalten klettern mussten, um sich das heiß begehrte süße Geschenk der Götterbotinnen zu erobern, dürfen wir uns heute glücklich schätzen, bei der Honigernte mit sicherem Stand auf festem Boden zu stehen. Zudem haben wir in unseren mobilen modernen Bienenwohnungen einen wesentlich besseren Überblick über das Geschehen im Bienenstaat als unsere Vorfahren bei den wilden Bienenkolonien.

Sicherlich tappten sie bei der Wildhonigernte im wahrsten Sinne des Wortes im Stockdunkeln. Zudem geht man vergleichsweise von einer wesentlich größeren Wehrhaftigkeit der Bienen aus, die vor Urzeiten lebten. Das himmlisch süße Geschenk der Götter musste mit sehr viel Mut und körperlicher Geschicklichkeit regelrecht erkämpft werden. In der Zeit nach der Sommersonnenwende (21. Juni) kann es unter Umständen heikel sein, den Honig aus dem Stock zu entnehmen. Die Bienen spüren, dass es auf den Winter zugeht, wenn die Sonne ihren Zenit überschritten hat, und können in Verteidigungsstimmung geraten, wenn der «Honigräuber Mensch» ihnen an ihren Wintervorrat geht. Aus diesem Grund vollziehen wir, wie gesagt, in der Natur-Kinder-Garten-Werkstatt die Honigernte in dieser Jahreszeit nicht in Gegenwart der Kinder.

Mit dem kleinen Schnappkäfig «retten» die Kinder einzelne junge Stockbienen, die bei der Honigernte auf den Waben blieben. Sie werden behutsam zum Stock zurückgetragen.

Sie dürfen aber gerne vom Fenster des Gartenhauses aus beim Entnehmen der Honigwaben zuschauen. Glücklicherweise befinden sich unsere Bienenvölker im eigenen Garten, ca. 40 m vom Wohnhaus entfernt. Dort wird der Honig später in der Küche geschleudert. Die Honigernte bedarf einer völligen innerlichen Ausgewogenheit des Imkers bzw. der Imkerin. Größtmögliche Bewusstheit ist erforderlich, ruhige Konzentriertheit. Nichts darf man an sich haben, was die Bienen reizen oder gar provozieren könnte, wie beispielsweise Parfüm oder starker Waschmittelgeruch.

Wir stellen uns alles zurecht: Eine saubere

Schubkarre wird mit einer dicken, feuchten Baumwolldecke ausgelegt. Da hinein legen wir einen Unterboden, auf den wir eine Zarge stellen. Diese wird mit einem Schließdeckel versehen. Wir befüllen den Rauchbläser mit Bienentabak, entzünden ihn und geben eine sanfte Rauchgabe über das eben geöffnete Bienenvolk, das wir beernten wollen. Der Rauch verschafft uns ein wenig Respekt bei den Bienen und hält sie ruhig.

Zunächst brauchen wir Klarheit über die Struktur des Nestes: Wo befinden sich die Brutwaben, wo hält sich die Königin auf, und wo sind die Honigwaben? Bei Letzteren prüfen wir den Reifegrad des Honigs: Ist die Honigwabe zum überwiegenden Teil verdeckelt, ziehen wir sie heraus, fegen mit einer Gänsefeder behutsam die noch aufsitzenden Bienen ab und hängen die Wabe dann flink in die bereitgestellte Zarge mit Deckel.

Zügig, aber mit innerer Ruhe, vollziehen wir die Ernte des Honigs Wabe um Wabe. In uns entsteht eine innere Haltung tiefer Dankbarkeit und größter Wertschätzung unseren kleinen geflügelten Mitgeschöpfen, den Bienen, gegenüber.

Sobald die Zarge mit Honigwaben beladen ist, wird sie gut mit dem Deckel verschlossen und geschwind in das große feuchte Tuch eingehüllt; so lässt sich unser «Honigraub» am besten vor den Bienen verbergen. Jetzt fahren wir die süße Last mit der Schubkarre ins Haus. Bei der Honigschleuder warten schon die Kinder, um zu helfen und nach Herzenslust von dem noch stockwarmen Honig zu naschen.

Wabe, in die ganz frischer Honig eingelagert wird.

Da «Räuber» sich ja nicht erwischen lassen wollen, betrachten und bestaunen, betasten und beschnuppern wir unsere «Beute» bei geschlossenen Türen und Fenstern. Die Waben werden von allen Seiten begutachtet. Gemeinsam entscheiden wir, welche Waben zu unterschiedlichen Qualitäten zugeordnet werden: Wollen wir Wabenhonig oder Schleuderhonig einlagern?

Waben- oder Scheibenhonig

Der Wabenhonig, der auch Scheibenhonig heißt, ist eine besonders kostbare und zugleich anschauliche Delikatesse. Unsere

Waben- oder Scheibenhonig

Urahnen nahmen ausschließlich Wabenhonig in ihren Wintervorrat, denn es gab noch keine Honigschleudern. Wabenhonig hat den entscheidenden Nachteil, dass das Wabenwachs mitverzehrt wird und den Bienen nicht zurückgegeben werden kann.

Er wird folgendermaßen gewonnen: Wir suchen die Honigwaben aus, die aus ganz hellem, fast weißem Wachs, also dem Jungfernwachs, bestehen, und schneiden sie in schmale Streifen. Diese Wabenstreifen legen wir in vorbereitete Gläser und füllen sie später mit frischem Schleuderhonig auf.

Schleuderhonig

Um Honig aus seinen Lagerwaben ausschleudern zu können, werden die verschlossenen

Teilweise verdeckelte Honigwabe

Das Deckelwachs wird mit der Entdeckelungsgabel abgehoben.

Honigwaben mit einer Honiggabel entdeckelt und in den Korb der Honigschleuder gestellt. Wir setzen die Schleuder mit der Handkurbel zunächst langsam, dann schneller werdend in Bewegung. Vorsicht ist geboten; die Waben tragen bis zu 2 kg Honig in sich und können durch die Zentrifugalkraft brechen, weshalb man die Schleuder mit viel Fingerspitzengefühl bedient.

Die Honigwabe wird in die Honigschleuder gestellt.

Links: Die Honigwabe wird entdeckelt.
Rechts: Blick in die Honigschleuder.

Wir hören, wie der Honig beim Drehen gegen die Schleuderwand fliegt. Er läuft herunter, sammelt sich am Schleuderboden und fließt durch eine Öffnung in ein Honigsieb. Dieses liegt über dem großen Vorratsgefäß, das vor der Schleuder steht. Es ist ein erhebender Moment, wenn der Honig wie «geschmolzenes Sonnengold» strömt; da geht einem wahrlich das Herz auf. Und wiederum stellt sich die Frage, wie es möglich ist, dass unsere kleinen sechsbeinigen Freunde solche unglaublichen Mengen kostbaren Honigs zusammentragen konnten.

Von links nach rechts: entdeckeln und naschen. – Gefühlvoll wird die Schleuder gedreht, damit die Waben nicht brechen. – Wie geschmolzenes Gold läuft der frische, duftende Honig aus dem Abfüllhahn der Schleuder durch mehrere Siebe in den Auffangbehälter.

Das Reifen des geschleuderten Honigs

August

Nach der Ernte beinhaltet der Honig manchmal noch zu viel Wasser, wodurch er verderben könnte. Wir rühren ihn so lange zwei- bis dreimal pro Tag gründlich durch, bis der Wassergehalt bei 17 Prozent liegt, was mit einem Refraktometer gemessen wird. Das ist eine wunderbare Tätigkeit, die insbesondere von den Kindern sehr geschätzt wird. Je nach Herkunft des Nektars ist die Neigung zur Kristallisation mehr oder weniger stark ausgeprägt. Honige mit hohem Traubenzuckeranteil, z.B. Rapshonig, können in wenigen Tagen «steinhart» werden. Akazienhonig bleibt hingegen immer flüssig und klar.

Anschließend füllen wir ihn als reifen, zähflüssigen Honig in Schraubgläser und verschließen ihn.

Und dann schlugen die Kinder einen Malwettbewerb für schöne Honigetiketten vor, mit denen sie die Gläser schmücken wollten – ein Beweis ihrer Wertschätzung für den Honig.

Gleich, in welcher Konsistenz: 1000 Jahre später würde dieser Honig, wenn wir ihn kühl, dunkel und trocken lagern, für unsere Nachfahren noch genießbar sein – sofern es gelänge, ihnen etwas zu verwahren von unserem himmlischen Süß.

Zunächst geben wir aber allen unseren Nachbarn etwas von der köstlichen Honigernte ab. Schließlich bleiben unsere Bienen nicht in den engen Grenzen des Gartens der Natur-Kinder-Garten-Werkstatt, sondern fliegen auch über Zäune und Hecken zu den Nachbargrundstücken. Nachbarn, die Teilhaber der Honigernte sind, sehen natürlich auch viel leichter ein, dass möglichst kein Gift bei der Gartenbetreuung

Der Honig wird mehrere Wochen mehrmals täglich gerührt … und schließlich abgefüllt.

eingesetzt wird, denn es würde den Bienen schaden und die Honigqualität und damit auch unsere Gesundheit beeinträchtigen.

Im Rahmen der Öffentlichkeitsarbeit in der unmittelbaren Umgebung sind die Nachbarn auch über eventuelles Schwarmgeschehen informiert und sagen uns sofort Bescheid, wenn etwas Auffälliges geschieht.

Hier noch eine kleine Geschichte, die wir unseren Gästen gerne erzählen: Die direkt gegenüberwohnenden Nachbarn kamen inmitten einer lauen Sommernacht mit ihrem Auto aus einem Korsika-Urlaub zurück. Müde von der langen Reise öffneten sie den Kofferraum, um schnell noch die wichtigsten Sachen herauszunehmen. Dabei fiel ihnen ein Glas korsischer Honig, den sie zum Andenken mitgebracht hatten, auf die Straße und zerbrach. Der gute Honig verteilte sich als süße Pfütze am Rande der Fahrbahn. Als wenige Stunden später der neue Tag begann, brachten meine Bienen das kleine Unglück schnell in Ordnung: In hellen Scharen eilten sie herbei und sogen den Honig auf, um ihn in ihren Wohnungen einzulagern. Damit die Bienen ihr Werk in Ruhe vollbringen konnten, sammelten wir mehrere Warndreiecke in der Nachbarschaft, um die süße «Unfallstelle» einzugrenzen und die Bienen vor dem Autoverkehr zu schützen. Bereits mittags hatten sie ihre Putzarbeit abgeschlossen. Den Nachbarn gaben wir natürlich ein Glas Honig zurück.

Übrigens: Man braucht nicht unbedingt nach Korsika zu reisen, um guten Honig zu bekommen. Überall da, wo in Mitteleuropa blühende Landschaften zu finden sind, gibt es gute und schmackhafte Honigsorten. Aufgeklärte Honigkunden erwerben ihren Honig oft beim Imker in der Nachbarschaft, den sie mit ihrem Honigkauf unterstützen wollen. Zudem bekommt man natürlich

Honigtöpfe

einen guten Einblick in dessen Betriebsweise, in seine Methoden der Gesundheitspflege bei den Völkern, und man kann die Bienen «persönlich» kennenlernen, deren Honig man genießt. Auch kann man den benachbarten Imker bzw. die Imkerin fragen, ob sie den Honig auf dem Weg vom Bienenstock bis ins Honigglas natürlich belassen und nicht einer Wärmebehandlung aussetzen. Sobald der Honig wärmer als 35 °C wird, büßt er an Qualität ein. Aus diesem Grunde sollte man Honig auch nicht in heiße, sondern nur in warme Getränke einrühren.

Honigtöpfe aus Ton formen

Von den Kindern selbst kam der Gedanke, kostbaren Honig in besonders originell gestalteten Schmuckgefäßen zu servieren. Diese wollten sie natürlich selbst töpfern und ließen, wie man sieht, ihrer Fantasie freien Lauf. Wichtig ist bei Gegenständen aus Ton, die mit Lebensmitteln in Berührung kommen, dass sowohl der Ton als auch die Glasuren ungiftig sind.

Köstlichkeiten mit Honig

Honig schmeckt nicht nur zum Frühstück. Man kann ihn auch zum Kochen, Backen und Braten nehmen oder zum Obstsalat, zu Kuchen und Getränken. Klar ist natürlich, dass er durch Erhitzen eine Menge seiner vitalisierenden, heilenden Kräfte einbüßt. Trotzdem ist er immer noch wesentlich gesundheitsförderlicher als raffinierter weißer Zucker. Nachfolgend haben wir eine ganze Reihe von einfachen und köstlichen Rezepten zusammengetragen, die nicht nur für Familien, sondern auch für Kindergärten mit gesundem Frühstück und Kochprojekte in Schulen umsetzbar sind.

Honigbutter als Brotaufstrich

250 g Honig und 250 g Butter verrühren. Schmeckt besonders gut auf Knäckebrot.

Honigbutter kann mit geriebener Orangen- oder Zitronenschale fein abgeschmeckt werden. Andere Geschmacksnuancen, z.B. mit Zimt oder Kakao, sind ebenfalls möglich.

Honig mit Zimtstange

Den Stangenzimt in frischen, flüssigen Honig legen und mindestens eine Woche ziehen lassen.

Honigbratapfel

Pro Person einen festen Apfel vom Kerngehäuse befreien und in eine gefettete feuerfeste Form setzen. Eine Füllung bereiten, die pro Apfel 1 TL gemahlene Nüsse, 1 TL Rosinen, 1 TL Honig und ½ TL Butter enthält.

Diese Mischung in die ausgehöhlten Äpfel einfüllen und 15 bis 20 Minuten bei 150 °C im vorgeheizten Ofen backen. Warm servieren.

Honig-Hustenbonbons

500 g Zucker in 0,2 l Wasser auf 145 °C erhitzen, bis eine mit einem Holzlöffel entnommene Probe bereits bricht. Dann 150 g Honig hinzugeben und wieder bis zum Bruch kochen.

Die Masse auf ein geöltes flaches Backblech gießen und darin auskühlen lassen. Sie soll jedoch nicht fest werden. Solange sie noch knetbar ist, wird sie mit einem nassen Messer in Würfel geschnitten.

Honig mit Zimtstange

Großmutters Honigbratäpfel

Häuschen aus Honiglebkuchen

Honigwaffeln

Zutaten: 300 g Honig, 150 g gehackte Nüsse, 80 g gerösteter Mohn, 100 g Butter.

Den Honig mit wenig Wasser aufkochen und braun werden lassen, sodass feste Kugeln daraus geformt werden können. Butter, Nüsse und gerösteten Mohn dazugeben. Alles gut miteinander verrühren und auf Waffelscheiben aufstreichen. Dann mit einer zweiten Waffelscheibe zudecken und kühlen. Nach dem Erkalten aufschneiden und frisch servieren.

Honigstrudel

Zutaten: 1 Päckchen tiefgefrorener Blätterteig, 250 g geschälte, gemahlene Mandeln, 250 g Akazienhonig, abgeriebene Schale und Saft von je 1 Orange und 1 Zitrone, 2 Eier, 4 Eigelb.

Die Zutaten für die Füllung vermengen und schaumig rühren. Den Blätterteig ausbreiten, die Strudelfüllung daraufgeben, den Teig zusammenrollen, auf ein gefettetes Backblech legen, mit Eigelb bestreichen und backen. Den Strudel noch warm aufschneiden und mit Puderzucker bestreut servieren.

Honigplätzchen

Zutaten: 600 g Vollkornmehl, 200g Butter, 200 g Honig, 3 Eier, 1 Päckchen Vanillezucker, 1 Prise Salz.

Vollkornmehl in eine große Schüssel geben, in der Mitte eine Mulde formen, Butter, Honig, Eier, Vanillezucker und Salz in die Mulde geben. Von der Mitte her alles gut zu einem geschmeidigen Teig verkneten. Den Teig 5 bis 7 mm dick ausrollen und beliebige Formen schneiden oder ausstechen. Diese auf ein gefettetes Blech legen und ca. 15 Min. bei 200 bis 220 °C im vorgeheizten Ofen backen.

Honiglebkuchen I

Zutaten: 4 Eier, 500 g Weizenmehl, 120 g Zucker, 50 g Butter, 250 g Honig, 10 g Natron, 1 EL Milch, 100 g gehackte Mandeln bzw. Hasel- oder Walnüsse, abgeriebene Schale und Saft einer Zitrone.

Die Zutaten zu einem Teig verkneten und zum Schluss das in Milch aufgelöste Natron hinzugeben. Den Teig 24 Stunden ruhen lassen.

Dann den Teig ausrollen und in 10 cm breite Streifen schneiden. Bei mittlerer Hit ze backen.

Den Lebkuchen erst vor dem Verzehr aufschneiden.

Honiglebkuchen II

Zutaten: 500 g Honig, gut 1/8 l Öl, 250 g Zucker, 700 g Mehl, 1 Päckchen Backpulver, 250 g geschälte, gemahlene Mandeln, 2 TL Zimt, je 1 Messerspitze Nelken, Piment und Kardamom, 1 Prise Salz, 3 Eier, je 110 g Zitronat und Orangeat, etwas Kondensmilch.

Honig mit Zucker und Öl aufkochen und abkühlen lassen. Backpulver mit Mehl vermischen. Mandeln, Gewürze, Eier, Zitronat und Orangeat unter das Mehl mischen.

Honig-Öl-Gemisch hinzugeben und alles sehr gut verkneten. Teig zudecken und mindestens 12 Stunden im Kühlschrank ruhen lassen.

Teig auf bemehltem Backblech ausstreichen und mit Kondensmilch bepinseln. Honiglebkuchen nach Belieben mit Mandeln verzieren.

Bei 200 °C auf mittlerer Schiene 35 bis 45 Minuten backen.

Den Lebkuchen noch warm in Stücke schneiden.

Ein Lebkuchenhäuschen wird verziert.

Honigkuchen mit Schokolade

Zutaten: 150 g Honig, 150 g Margarine oder Butter, 3 Eier, 250 g Weizenmehl, 50 g Grieß oder Kartoffelmehl, 10 g Hirschhornsalz, abgeriebene Schale einer halben Zitrone.

Für den Schokoladenüberzug: 70 g Honig, 0,1 l süße Sahne, 50 g gehackte Mandeln bzw. Wal- oder Haselnüsse, 50 g Kakaopulver.

Margarine zerlassen, Honig darunterrühren, Eier schaumig schlagen und hinzugeben. Weizenmehl, Grieß oder Kartoffelmehl, Hirschhornsalz sowie Zitronenschale unterrühren. Den Teig in eine niedrige gefettete Springform geben und bei mittlerer Hitze 35 bis 40 Minuten backen. Nach dem Erkalten den Kuchen aus der Form nehmen, mit der aus Honig, süßer Sahne und Kakaopulver gekochten Schokoladenmasse überziehen und mit Mandeln oder Nüssen verzieren.

Bienenstich mit Honig

Zutaten: 600 g Weizen-Vollkornmehl, 50 g Sojamehl, ½ TL Zimtpulver, 1 Würfel Hefe (42 g), ⅜ l lauwarme Milch, 50 g flüssiger Honig, 50 g weiche Butter.

Für die Mandelkruste: 200 g Mandelblättchen, 200 g Honig, 100 g Butter.

Für die Creme: 75 g Honig, ½ l Milch, 40 g Maisstärkepuder oder Pfeilwurzelmehl, ½ TL gemahlene Vanille, 250 g weiche Butter.

Das gesamte Mehl mit dem Zimt mischen, in der Mitte die Hefe mit der Milch, dem Honig und etwas Mehl verrühren. 15 Minuten gehen lassen. Den Teig mit der Butter verkneten und dreißig Minuten gehen lassen. Auf einem gefetteten Backblech ausrollen, 15 Minuten gehen lassen. Die Mandeln mit dem Honig und der Butter erhitzen, auf den Teig streichen. Den Backofen auf 220 °C vorheizen. Den Bienenstich 25 Minuten backen. Den Honig erhitzen. Die Milch mit dem Stärkepulver und der Vanille verquirlen, zum Honig gießen, aufkochen, dann abkühlen lassen, esslöffelweise unter die Butter mischen.

Apfel-Birnen-Sahne

Zutaten für 6 Personen: 150 g Joghurt, 1 TL Zitronensaft, 3 EL Honig, 250 g Äpfel, 250 g Birnen, 250 g Schlagsahne.

Joghurt, Zitronensaft und 2 EL Honig verrühren. Birnen und Äpfel fein reiben oder pürieren. Sahne steif schlagen, mit 1 EL Honig süßen und unter den Joghurt heben. Sahnemasse, Birnenmus und Apfelmus abwechselnd in einer Glasschüssel schichten.

Honig-Früchte-Shake

Zutaten: ½ l Milch, ⅛ l Sahne, 3 EL Honig, 125 g Früchte (Erdbeeren, Himbeeren, Brombeeren oder Johannisbeeren). Alles zusammen in einem Mixer zerkleinern.

Indische Zwiebelsuppe

Zutaten für 4 Personen: 1,2 kg Zwiebeln, 2 grüne Chilischoten, 3 Frühlingszwiebeln, ½ Bund Petersilie, 60 g Butterschmalz, 1 TL gestrichener Honig, 3 Nelken, 2 EL scharfer Curry, 1,2 l Gemüsebrühe, 1,5 EL Zitronensaft, ½ Fladenbrot mit Sesam.

Geschälte Gemüsezwiebeln in schmale halbe Ringe schneiden. Entkernte Chilischoten fein würfeln. Geputzte Frühlingszwiebeln in zwei bis drei cm lange schräge Stücke schneiden. Petersilienblättchen von den Stängeln zupfen. 30 g Butterschmalz in großem Topf zerlassen, Honig kurz mit karamellisieren lassen. Gemüsezwiebeln, Chili, Nelken und Curry darin andünsten. Mit Fond aufgießen, aufkochen und bei mittlerer Hitze 20 Minuten zugedeckt garen. Frühlingszwiebeln zugeben und weitere fünf Minuten garen. Mit Zitronensaft würzen, zuletzt die Petersilie zugeben. Inzwischen

Fladenbrot in 2 cm große Würfel schneiden, in restlichem Butterschmalz goldbraun rösten. In der Suppe servieren.

Honig, Wachs und Propolis als heilende und pflegende Mittel kennenlernen

Oktober: Zeit des Abschiednehmens vom Sommer und vom sommerlichen Ausleben; Zeit, wieder zu sich selbst zurückzufinden; Zeit der Einkehr ins Haus. Jetzt muss die körpereigene Abwehr gegen winterliche Infekte aufgestellt werden. Der Tisch ist nach der gerade abgeschlossenen Erntezeit noch reich mit frischem Obst und Gemüse gedeckt, sodass wir uns mit einem vielfältigen Vitaminangebot versorgen können. Dankenswerterweise gibt es in unserem Kulturkreis auch viele andere Möglichkeiten, Wohlfühlangebote für Leib und Seele zu schaffen, damit man die nahende Dunkelheit und Kälte des Winters ohne nennenswerte Stimmungstiefs besser übersteht. – Wer in seiner Kindheit lernt, sorgsam mit sich selbst und seiner eigenen Gesundheit umzugehen, wird es auch leichter haben, Rücksicht auf die Bedürfnisse seiner Mitmenschen zu nehmen und später eigenverantwortlich und emanzipiert handelnd seiner Mitwelt zu begegnen.

Seit Jahrtausenden besitzen Menschen in unterschiedlichen Kulturen ein umfangreiches Wissen über die «Medizin aus der Natur», wobei insbesondere die «Apotheke Bienenstock» wirklich viel zu bieten hat. Leider ist dieses Wissen in den letzten hundert Jahren ein wenig in Vergessenheit geraten. Wir sehen es als eine reizvolle Aufgabe an, das Heil- und Wohlfühlwissen rund um Bienenprodukte wieder ins Bewusstsein der Menschen zu rücken.

Eigentlich müssten Bemühungen, für Kinder und mit ihnen Gesundheitsvorsorge mit Bienenprodukten zu betreiben, im höchsten Maße von Krankenkassen gefördert und honoriert werden, denn sie würden langfristig gesehen helfen, das staatliche Gesundheitsfinanzbudget zu schonen. Ich habe eigene Visionen immer wieder als Vorformen von später eintretenden Realitäten erleben dürfen und sage deshalb: Lasst uns Krankenkassen in Ge-

Honig, Wachs und Propolis lassen sich kinderleicht zu Salben und Cremes verarbeiten.

sundheitskassen umwandeln, die sich dort einsetzen, wo ein innovatives, vorsorgendes Gesundheitsbewusstsein in der Bevölkerung entsteht und im Sinne der Nachhaltigkeit weiterentwickelt wird.

Man stelle sich vor, es würden genauso viele Imkerinnen und Imker wie Pharmazeutinnen und Pharmazeuten in unserer Gesellschaft wirksam sein; Erstere würden durch ihr Wirken für gesunde Bienenvölker, blühende Landschaften, fruchtbare Äcker und Obstgärten sowie Medizin aus dem Bienenstock sorgen und eine gut fundierte ganzheitliche Gesundheitsgrundlage in der Gesellschaft schaffen helfen. Die Berufsgruppe der Pharmazeuten würde sich nach wie vor um Forschung, Entwicklung und Produktion der Heilmittel für schwere Erkrankungen bemühen, was selbstverständlich auch wichtig ist. Und dann stelle man sich auch noch vor, dass diese beiden Berufsgruppen in gegenseitiger Toleranz und Akzeptanz miteinander – statt gegeneinander – für das gesundheitliche Wohl der Bevölkerung sorgen würden. Es bleibt zu diskutieren, ob und wie eine solche Synergie möglich werden könnte.

Das Wissen um vorbeugende Gesundheitspflege mit Produkten aus der «Bienenapotheke» gehört nicht nur in junge Familien, sondern auch in die Curricula von Kindergärten, Schulen und Erwachsenenbildungswerken, ja nicht zuletzt in Ausbildungsstätten für Kranken- und Altenpflege.

Hier nun einige einfache vorsorgende Anwendungen aus der «Apotheke Bienenstock» für Familien, heilpädagogische Einrichtungen mit integrierten Therapiemöglichkeiten und Altenpflege.

Die folgenden Anwendungen sind im Sinne lange bewährter Hausmittel zu verstehen! Jeder Mensch, der sie anwenden möchte, tut dies in Eigenverantwortlichkeit und mit der nötigen Behutsamkeit! Außerhalb des privaten Bereiches, also in Einrichtungen für Kinder, Kranke, Alte, oder Beeinträchtigte, wird selbstverständlich die Kooperation mit naturheilkundlich ausgerichteten Medizinern und anerkannten Therapeuten vorausgesetzt, wenn man diese Mittel anwenden will … Wir finden, dass das Wissen um die Heilkraft aus dem Bienenvolk in unserem Kulturkreis aber auf jeden Fall erhalten bleiben sollte.

Bewährte Hausmittel gegen Erkältung, Husten und Halsschmerzen

Honig kann in trinkwarme Getränke wie Tee oder Milch eingerührt werden. Man sollte ihn nicht über 40 °C erwärmen, da seine Heilkraft sonst gemindert wird.

Zwiebel aushöhlen, mit festem Honig füllen und mit den herausgenommenen Zwiebelbestandteilen wieder abdecken. Über Nacht an einen warmen Ort stellen, damit der Honig sich löst. Am nächsten Tag stündlich einen Teelöffel davon einnehmen.

Will man das heilende Mittel sofort haben, kann man Zwiebelsaft auspressen und je einen Teelöffel Presssaft mit 2 Teelöffeln flüssigem Honig vermischen. Stündlich eine Löffelspitze von diesem Gemisch einnehmen.

Zwiebeltee: 1 zerkleinerte Zwiebel in 1 Liter Wasser aufkochen, Sud auf Trinktemperatur abkühlen lassen und 2 Esslöffel Honig einrühren. Über den Tag verteilt leicht erwärmt trinken.

Honigverband bei Schürf- und Quetschwunden sowie Verbrennungen

Steriles Verbandsmaterial messerrückendick mit Honig bestreichen und auf die Wunde legen; zwei- bis dreimal täglich erneuern.

Heilt sehr gut, wirkt desinfizierend, beugt Blasenbildung bei Verbrennungen vor, lindert vor allem sofort den Schmerz und ist deshalb sehr empfehlenswert. Obwohl der Honigverband im Sinne Erster Hilfe am besten unmittelbar nach der Verletzung aufgelegt werden müsste, darf man ihn bei Kindern, die wir in unseren Einrichtungen betreuen, nur mit ärztlichem Einverständnis anwenden! Bekanntlich ist «agieren besser als reagieren»; und deshalb empfehlen wir Institutionen für Kinder vorbeugend:

- Suchen Sie einen Arzt mit naturheilkundlichen Kenntnissen in der Kinderheilkunde, der in der Nähe praktiziert und bereit ist, mit Ihrer Einrichtung zu kooperieren.
- Bitten Sie ihn um einen Kinder-Erste-Hilfe-Kurs in Ihrer Einrichtung mit naturheilkundlichem Schwerpunkt für Eltern, Kollegium und Trägervertretern.
- Erarbeiten Sie mit diesem Arzt Ihres Vertrauens und allen Beteiligten einen Erste-Hilfe-Plan, in dem Möglichkeiten, aber auch Grenzen des eigenen Handelns schriftlich fixiert werden.
- Verankern sie diese schriftlichen Ergebnisse in der Konzeption Ihrer Einrichtung und lassen Sie sie von allen Erziehungsberechtigten Ihrer Kinder sowie vom Team unterschreiben.

Mit einem möglichst hohen Maß an eigener Handlungskompetenz sowie Kooperation aller Beteiligter können Sie einem verletzten Kind in seiner Not unter Umständen viel schneller helfen.

Honig mit warmem Tee

Rezepte für Schönheit und Wohlgefühl

Quarkmaske

2 EL Quark, 1 EL Honig verrühren, dick aufs Gesicht streichen. Nach etwa 20 Minuten mit lauwarmem Wasser abwaschen.

Baden in Milch und Honig

Ein Milch- und Honigbad entspannt, wenn man sich ausgebrannt und abgespannt fühlt. Es wirkt beruhigend und harmonisierend. Es tut der Seele wohl. Es nährt und pflegt die Haut. Kurzum: Ein Bad in Milch und Honig stärkt angestrengte Lebenskräfte.

½ l Milch und 4 EL Honig in ein Wannenbad geben, gut vermischen und genüsslich 20 bis 30 Minuten darin baden.

Beim Aussteigen aus der Wanne sich nicht abtrocknen, sondern ganz in ein Biberbetttuch oder großes Badetuch einhüllen und sofort für mindestens 30 Minuten, besser aber 8 bis 10 Stunden, ins warme Bett legen und ausschlafen.

Erkältungsbad

Dieses Erkältungsbad wirkt lösend, wärmend, entspannend und unterstützt die Abwehrkräfte des Körpers.

Für ein Wannenbad 1 Handvoll Schafgarbe, frisch oder getrocknet, und 1 Handvoll Thymian in einem Topf reichlich mit Wasser bedecken und aufkochen lassen.

Diesen Sud 3 Minuten ziehen lassen, abseihen und ins Bad geben. Zum Schluss noch 3 EL Honig ins Bad einrühren.

20 bis 30 Minuten darin baden. Danach nicht abtrocknen, sondern sich komplett in ein großes Tuch einhüllen und (möglichst über Nacht) ins warme Bett legen, damit das Bad gut nachwirken kann.

Migräne-Fußbad

Je eine Handvoll Rosmarin, Thymian, Lavendel und Oregano in eine Schüssel geben und mit 5 Liter kochendem Wasser übergießen. 20 Minuten abgedeckt ziehen lassen. Währenddessen die Fußsohlen mit frischem Knoblauch einreiben. Bevor man mit den Füßen ins Bad steigt, 1 EL Honig ins vorbereitete Bad einrühren.

Füße in abgedecktem Bad 20 Minuten baden, dann abtrocknen. Nachruhen.

Honigmassage

Ca. 50 g flüssigen Honig auf den Rücken geben und mit warmen Händen gleichmäßig verteilen. Nun den Rücken 5 bis 10 Minuten mit herausziehenden Handbewegungen massieren, bis der Honig ganz dick wird und in die Haut eingezogen ist.

Überreste mit einem warmen, nassen Tuch mit sparsamen Bewegungen vom Rücken abziehen. Dann mit beiden Händen behutsamen Druck auf den Rücken ausüben, bis der Körper sich entspannt. Die Honigmassage wie oben beschrieben in einem zweiten Durchgang wiederholen. Danach gut zugedeckt mindestens 30 Minuten, möglichst aber länger, ruhen, um die Massage nachwirken zu lassen. Sowohl die Haut als auch die tiefer gelegenen Schichten werden durch diese Honigmassage sehr gut gereinigt und genährt, und der Rücken wird entspannt.

Salben aus der «Apotheke Bienenstock»

Herstellung und Anwendung von Salben aus Bienenprodukten

(von Heinz Uhlig)

Bevor mit der Herstellung der Salben und deren Anwendung begonnen wird, möchte ich hierzu einige Grundsätze darlegen.

- Sauberkeit ist oberstes Gebot.
- Probieren Sie vor der eigentlichen Anwendung dieser Produkte deren Verträglichkeit an einer kleinen Stelle Ihrer Haut aus.
- Propolishaltige Salben sollten nicht prophylaktisch, sondern nur bei Bedarf angewendet werden. Propolis kann bei Langzeitanwendung unter Umständen zu einer Allergie führen, vor der auch «gestandene» Imker und Imkerinnen nicht gefeit sind. Sollten sich diesbezüglich Probleme bei Ihnen ergeben, empfehle ich, zur Klärung unbedingt einen Arzt zu konsultieren.
- Für Diabetiker sind Honig und honighaltige Salben nur bedingt anzuwenden.
- Salben, die für die Behandlung von Wunden vorgesehen sind, nur mit einem sauberen Messer, Löffel oder Ähnlichem dem Salbentopf entnehmen.
- Es gibt Verwundungen und Krankheiten, die unbedingt ärztlich behandelt werden müssen. Wo hier die Grenze ist, liegt im Ermessen und der Verantwortung jedes Einzelnen.
- Zur Herstellung werden keine hoch präzisen Waagen etc. benötigt. Eine Briefwaage oder eine im Gramm-Bereich messende Küchenwaage und ein kleiner Messzylinder mit Milliliter-Teilung reichen völlig aus. Notfalls kann man die Flüssigkeiten auch mit einem Teelöffel (ca. 4 ml) abmessen.

- Die hier aufgeführten Rezepturen (außer Propolis-Lösung) sind jeweils für ca. 100 ml ausgelegt. Beabsichtigen Sie größere Mengen einer Salbe herzustellen, so sind die Einzelmengen entsprechend zu vervielfachen.
- Es gibt sicher noch viele andere Salbenrezepte aus und mit Bienenprodukten. Ihre Anzahl wurde in diesem Buch begrenzt und stellt nur einen kleinen Grundstock dar. Selbstverständlich können Sie z.B. anstatt Latschenkiefer- oder Teebaumöl auch Lavendel- oder Eukalyptusöl verwenden. Ihrer Kreativität sind da keine Grenzen gesetzt.
- Alle Salben sollten im Kühlschrank aufbewahrt werden. Lagert man sie längere Zeit bei Zimmertemperatur, werden sie ranzig.

Herstellung der Propolis-Lösung und Propolis-Salben

Herstellung der Propolis-Lösung

Einleitend ist zu sagen, dass für die Herstellung der Lösung Rohpropolis Verwendung findet. Diese kann man relativ leicht und eventuell auch preiswert von einem Imker aus der näheren Umgebung beziehen. Die bei der Bearbeitung der Bienenvölker anfallende Rohpropolis enthält noch Verunreinigungen, z.B. Bienenwachs und Holzteilchen. Durch eine Extraktion mit-

Propolislösung; links Ansatz, rechts fertig.

tels Alkohol kann die Propolis von diesen Bestandteilen getrennt werden. Der Alkoholgehalt sollte bei mindestens 85 Vol.-% liegen und darf nicht vergällt sein. Das Sicherste ist der Bezug von einer Apotheke. Keinesfalls darf hierfür Brennspiritus oder Ähnliches verwendet werden!

Ein möglichst hohes und schlankes Schraubglas wird bis maximal zur Hälfte mit Rohpropolis gefüllt und die Füllhöhe mit einem Filzstift am Glas markiert. Darüber kommt noch eine zweite Markierung, die etwa zwei Drittel der Propolis-Füllhöhe entspricht. Nun wird der Alkohol bis zur zweiten Markierung gegossen, das Glas fest verschraubt und anschließend auf eine undurchlässige Unterlage an einen warmen Ort (20 – 25 °C) ohne direkte Sonneneinstrahlung gestellt. Um die Auflösung der Propolis zu beschleunigen, sollte das Glas täglich mehrmals leicht geschüttelt werden. Das Schütteln wird nach zwei Wochen beendet, und das

Glas bleibt ruhig stehen. Nun kann man beobachten, wie die alkoholunlöslichen Bestandteile langsam zu Boden sinken. Im oberen Teil bildet sich ein täglich immer breiter werdender Ring mit einer braunen, klaren Flüssigkeit, der Propolis-Lösung.

Nach drei Wochen erfolgt das Dekantieren, wobei die Lösung vorsichtig in ein anderes Glas abgegossen wird und der Bodensatz zurückbleibt. Bitte das Glas mit dem Bodensatz noch nicht wegwerfen, sondern wieder mit Alkohol auffüllen, durchschütteln, zwei bis drei Wochen ruhig stehen lassen und nochmals dekantieren. Der zweite Abguss wird zum ersten hinzugeschüttet. Da Propolis ein kostbarer Stoff ist, kann es sich durchaus lohnen, noch einen dritten Aufguss zu machen, der dann ebenfalls zu den ersten beiden zugegeben wird. Beim Umgang mit Propolis-Lösung sollte man sehr vorsichtig sein, da sie in Textilien auf Möbelstücken und Ähnlichem kaum entfernbare Flecken hinterlässt.

Abwiegen der Wachsmenge

Das letzte Wachsstückchen schmilzt.

Herstellung der Salbengrundlage

In einem Glas werden 70 ml Olivenöl und 10 g reines Bienenwachs (Mittelwand) langsam im Wasserbad erhitzt. Die Höhe des Wasserspiegels im Topf sollte nicht höher als der Ölspiegel im Glas sein. Nach einer geraumen Zeit ist der Schmelzpunkt des Wachses, ca. 63 °C, erreicht, und man kann beobachten, wie sich das Wachs im Öl auflöst.

Nun wird das Ganze mit einem Holzstäbchen vorsichtig vom Rand her durchgerührt. Ist kein Wachs mehr zu sehen, kann die Konsistenz der Salbengrundlage geprüft werden. Zu diesem Zweck tauchen wir das Holzstäbchen kurz in die Lösung und nehmen es vorsichtig wieder heraus. Am unteren Ende des Stäbchens bildet sich ein Tröpfchen, welches nun an der Luft zu erstarren beginnt. Physikalisch erfolgt hier eine Änderung des Aggregatzustandes

Tröpfchenprobe

Unterschiedliche Gerinnungsstufen

Stäbchen bleibt senkrecht stehen

von «flüssig» zu «fest». Visuell kann dieser Prozess auch verfolgt werden. Die klare Flüssigkeit wird trüb und schließlich gelblich und undurchsichtig.

Nach etwa einer Minute ist das Tröpfchen auf Zimmertemperatur abgekühlt und kann zwischen Daumen und Zeigefinger gedrückt und zerrieben werden. Es sollte sich «cremig» anfühlen. Ist es zu hart, wird der Lösung noch etwas Öl zugegeben. Im umgekehrten Fall müssen dann noch einige Wachsstückchen aufgelöst werden. Anschließend sollte noch einmal die «Tröpfchenprobe» durchgeführt werden. Bei befriedigendem Resultat kann nun das Glas dem Wasserbad entnommen, auf ein vorher ausgelegtes Frotteetuch gestellt und (leicht) verschraubt werden. Damit keine Klumpen entstehen, muss die Lösung langsam abkühlen. Das Glas wird mit einem dicken Tuch eng anliegend abgedeckt (Zugluft vermeiden). Nach ca. 20 bis 30 Minuten beginnt die Lösung zu erstarren und muss vom Glasrand und -boden her mit dem Holzstäbchen so gerührt werden, dass das Erstarrende mit dem noch Flüssigen durchmischt wird. Es muss in Abständen so lange gerührt werden, bis der Inhalt gleichmäßig breiig ist.

Stellen wir das Holzstäbchen senkrecht in die Wachslösung und es bleibt stehen, haben wir den richtigen Zeitpunkt erreicht, dass bei der Salbenherstellung die anderen Zutaten untergemischt werden können.

Nun wird das Glas wieder verschraubt, in das Tuch verpackt und bis zum Abkühlen auf Zimmertemperatur beiseite gestellt.

Herstellung der Propolis-Salbe

Eine Salbengrundlage wird, wie vorher beschrieben, hergestellt. Hat diese die breiige Konsistenz erreicht, noch 2 – 3 Minuten weiterrühren. Danach 2 ml Propolis-Lösung tropfenweise unterrühren.

Erfolgt die Zugabe der Lösung zu früh, sinkt die Propolis auf den Boden und lässt sich anschließend nicht mehr aufrühren.

Herstellung der Latschenkiefer-Salbe

Die Herstellung erfolgt wie die Propolissalbe, nur werden hier anstatt der Propolis-Lösung 4 ml Latschenkieferöl zugesetzt.

Herstellung der Propolis-Honig-Salbe I

Hier wird der Salbengrundlage, unmittelbar bevor sie breiig wird, ein gehäufter TL cremiger Honig untergerührt. Die Temperatur der Salbengrundlage muss gerade noch so hoch sein, dass der Honig verflüssigt wird. Nachdem sich der Honig völlig aufgelöst hat, werden noch 2 ml Propolis-Lösung tropfenweise untergerührt.

Tröpfchenweises Zugeben der Propolis-Lösung

Einrühren der Propolis-Lösung

Herstellung der Propolis-Honig-Salbe II

Aus 80 ml Olivenöl und 15 g Bienenwachs eine Salbengrundlage herstellen. Kurz vor dem Übergang in den breiigen Zustand 2 gehäufte TL Honig und anschließend 4 ml Propolis-Lösung unterrühren.

Herstellung der Lanolinsalbe mit Teebaumöl

Aus 40 ml Olivenöl und 8 g Bienenwachs eine Salbengrundlage herstellen. Wird diese breiig, 25 g Lanolin (aus der Apotheke) und anschließend ½ TL Teebaumöl unterrühren.

Herstellung der Hirschtalgsalbe mit Propolis

Da es kaum noch möglich ist, reinen Hirschtalg zu bekommen, besorgen wir uns aus der Apotheke einen Hirschtalgstift (20 g). Diese Stifte enthalten außer Hirschtalg noch andere «Zutaten», was sie aber deshalb für unsere Zwecke nicht ungeeignet macht. Bevor wir ihn zu Salbe verwandeln, müssen alle Plastikteile entfernt werden. Das heißt, der Stift wird aus seiner Umhüllung geschoben, und auch das hintere Plastikteil, womit man den Stift mit dem Finger schiebt, wird entfernt. Im Wasserbad werden 40 ml Olivenöl erhitzt, 10 g Bienenwachs und ein halber (10 g) Hirschtalgstift darin geschmolzen. Die weitere Behandlung erfolgt wie bei der Herstellung der Salbengrundlage. Nach dem Breiigwerden werden 2 ml Propolis-Lösung hinzugefügt und untergerührt.

Anwendungsmöglichkeiten der Propolis-Lösung und -Salben sowie eigene Erfahrungen

Anwendung der Propolis-Lösung

Direktanwendungen:

- Auf Insektenstiche und -bisse einen Tropfen Propolis-Lösung geben und antrocknen lassen. Der Juckreiz ist innerhalb kürzester Zeit verschwunden und bleibt es auch, wenn man nicht wieder kratzt.
- Bei Aphten (Zahnfleischentzündung / Mundfäule) auf die betroffene Stelle mehrmals täglich einen Tropfen Propolis-Lösung geben und zum Abtrocknen bei offenem Mund oder durch Verformung der Lippen darüber einatmen. Die erste Anwendung verursacht oft ein kurzzeitiges schmerzhaftes Brennen. Nach 1–2 Tagen ist die Entzündung abgeklungen.
- Entzündungen unter Zahnbrücken werden beseitigt, indem von beiden Seiten mit der Pipette zwischen Zahnfleisch und Brücke ein Tropfen Propolis-Lösung gedrückt wird. Dabei ist der Kopf so zu halten, dass der Spalt zwischen Zahnfleisch und Brücke möglichst senkrecht

steht, damit dort die Lösung gut hineinlaufen kann. Diese Aktion wird am besten vor einem Spiegel ausgeführt. Eine Behandlung reicht meist aus. Analog ist bei Entzündungen der Zahntaschen zu verfahren.

- Entzündungen der oberen Atemwege (Husten, Schnupfen) und Nasennebenhöhlen lindern oder beseitigen Sie durch täglich mehrmaliges Inhalieren der Propolis-Lösung mittels Dampfbad. In einen Topf werden heißes Wasser und einige Tropfen Propolis-Lösung gegeben. So wird unter einem Badetuch das Gesicht über den Topf gehalten. Die Dämpfe abwechselnd durch Mund und Nase einatmen. *Vorsicht, Verbrühungsgefahr!!*

Spülungen:
10 Tropfen Propolis-Lösung in 2 cl (kleines Schnapsglas) lauwarmes Wasser geben und mehrmals am Tag einige Minuten damit gurgeln. Diese Lösung nicht ausspucken, sondern ganz langsam schlucken. Auf diese Weise werden auch Stellen im Hals getroffen, die beim Gurgeln nicht erreicht wurden. Anzuwenden mehrmals täglich bei Halsschmerzen, Entzündungen des Zahnfleisches; Mundgeruch.

Propoliszucker:
Ein Würfelzucker wird auf einen Teelöffel gelegt und so lange Propolis-Lösung darauf getropft, bis der Zucker gleichmäßig durchzogen ist. Diesen Zucker mehrmals täglich langsam im Mund zergehen lassen. Anzuwenden bei Halsschmerzen, grippalen Infekten, Durchfall, Sodbrennen, Reizhusten etc.

Anwendung der Salbengrundlage

Die Salbengrundlage kann allgemein zur Hautpflege angewandt werden. Präventiv ist das Einreiben der Hände vor Tätigkeiten wie Gartenarbeit, Autoreparatur, Arbeiten mit Reinigungsmitteln, längeres Arbeiten im Wasser etc. zu empfehlen. Hierbei sollte die Salbe auch unter die Nägel und ins Nagelbett gedrückt werden. Nach dem Einschmieren einige Zeit (ca. 15 min.) warten, bis die Salbe in die Haut eingezogen ist.

Eine völlig andere Anwendungsart wäre die Pflege von Holzmöbeln, indem diese mit einem Stoffballen ganz dünn eingerieben werden. Bitte vorher an einer nicht direkt sichtbaren Stelle ausprobieren und einige Zeit warten!

Auch Ihre ledernen Arbeitsschuhe sind für eine «Salbung» damit sicher ganz dankbar.

Anwendung der Propolis-Salbe und Hirschtalgsalbe mit Propolis

Diese Salben sollten bei verhornten Fersen, welche eventuell schon Rissbildung zeigen, angewendet werden. Zu diesem Zweck die betroffenen Stellen 1–2 Wochen lang jeden Abend dick einstreichen, einmassieren und einziehen lassen. Die Hornhaut wird weich und läuft sich ab. Da die enthaltene Propolis die Bettwäsche verfärben kann, empfiehlt es sich, über Nacht Socken zu tragen.

Ein weiteres Anwendungsgebiet ist die Alten- und Krankenpflege. Durch langes Liegen kommt es bei den meisten Patienten zum Dekubitus (Durchliegen). Präventiv werden die kritischen Stellen (bei Windelträgern auch Stellen, die ständiger Nässe ausgesetzt sind) mit einer dieser Salben dünn eingestrichen. Besonders abends ist diese Behandlung sehr wichtig. Sollte die Haut schon offene Stellen haben, so ist die Salbe dort dick aufzutragen. Bei kritischen Stellen kann man auch zwei Lagen einer Mullkompresse mit dem Messer dick einstreichen und darauflegen.

Anwendung der Latschenkiefer-Salbe

Nach dem (Fuß-)Bad präventiv die Füße damit einreiben und einziehen lassen. Die Hornhaut wird weich und läuft sich ab.

Anwendung der Propolis-Honig-Salbe I

Bei Verbrühungen, Verbrennungen (Sonnenbrand) ist diese Salbe dick auf die betroffenen Stellen aufzutragen. Einziehen lassen. Schuppen und juckende Kopfhaut lassen sich damit auch behandeln. Hierbei ist die Salbe dünn in die Kopfhaut einzumassieren (langes oder dichtes Haar abschnittsweise scheiteln). Anschließend wird ein baumwollenes (Kopf-)Tuch straff darübergebunden (am besten im Nacken verknoten) und eine Duschhaube darüber aufgesetzt. Es ist günstig, diese Packung über Nacht einwirken zu lassen und am Morgen mit einem milden Shampoo wieder auszuwaschen. Sollte es sich am Kopf kalt anfühlen, wird noch ein dickes Tuch darübergelegt oder -gebunden.

Falls erforderlich, kann diese Kur nach vierzehn Tagen wiederholt werden.

Anwendung der Propolis-Honig-Salbe II

Im Prinzip lässt sich diese Salbe genauso anwenden wie die Propolis-Honig-Salbe I. Sie ist in ihrer Konsistenz aber fester und zieht nicht so leicht in die Haut ein. Das ist dann günstig, wenn man eine Wunde damit bedecken will oder verbinden muss. Man kann diese Salbe auch dick auf eine Kompresse auftragen und dann auf die Wunde legen. Durch Erhöhung des Wachsanteils bei der Herstellung ist es möglich, diese Salbe noch fester zu machen.

Bei Schürfwunden, Insektenstichen und -bissen etc. ist die Salbe messerrückendick auf die betreffende Stelle aufzutragen.

Bei Schnupfen, auch Heuschnupfen, kann

man damit die Naseninnenflügel einreiben. Noch besser ist, wenn ein Nasenloch frei ist, ein halberbsengroßes Stück dieser Salbe durch die Nase nach hinten zu ziehen. Wenn es anschließend im Rachen süß schmeckt, war die Anwendung richtig, und schon bald schwillt die Nasenschleimhaut ab. Anschließend kann das zweite Nasenloch noch behandelt werden. Es ist günstig, wenn man sich danach eine kurze Zeit hinlegt. Die beste Wirkung wird erzielt, wenn diese Behandlung vor dem Schlafengehen durchgeführt wird. Selbstverständlich kann diese Salbe auch außen auf die wunde Nase dünn aufgetragen werden.

Furunkel gehen leichter auf, werden sie mit dieser Salbe dick eingestrichen; eventuell eine Kompresse darüberlegen.

Eingezogene Holz- oder Metallspäne kann man viel leichter entfernen, wenn man diese Salbe auf die Gaze eines Heftpflasters streicht und auf die betreffende Stelle klebt. Nach einigen Stunden ist die Haut weich, und der Span kann problemlos mit der Pinzette gezogen werden.

Eine kleine Dose von dieser Salbe sowie ein Fläschchen Propolis-Lösung gehören bei mir unbedingt in die Reiseapotheke.

Anwendung der Lanolinsalbe mit Teebaumöl

Raue Hände werden wieder weich, wenn man sie mit dieser Salbe durchmassiert. Auch diese Behandlung sollte vor dem Schlafengehen durchgeführt werden, damit die Salbe über Nacht ungestört einwirken kann.

Zusammenfassung

Ich arbeite nun schon seit 23 Jahren an und mit diesen Produkten. Dabei habe ich sie an mir selbst ausprobiert, an Verwandte, Bekannte und Freunde weiterverschenkt und von diesen ausprobieren lassen. Viele von ihnen waren zuerst wohl äußerst skeptisch, jedoch nach der Anwendung sehr erstaunt, wie schnell und problemlos Wunden verheilten. In all den Jahren habe ich niemals ein negatives Feedback bekommen, sodass ich diese Rezepte ruhigen Gewissens auch Ihnen weiterempfehlen kann.

Plastizieren mit Bienenwachs

November

Gerade in der kalten Jahreszeit ist es sowohl für Kinder als auch für Erwachsene eine wahre Wohltat, mit warmem Bienenwachs plastizieren zu dürfen. Es empfiehlt sich, eine große Menge Plastizierwachs vorzubereiten, das man über Jahre immer wieder aufwärmen und verwandeln kann. Gerade die Mitmenschen, die ihre Hände vorwiegend zum Bedienen von Computertastaturen benutzen, empfinden es oft als Wohltat, die virtuelle Welt für eine Weile zu verlassen, um mit der ganzen Hand Wachs zu formen und

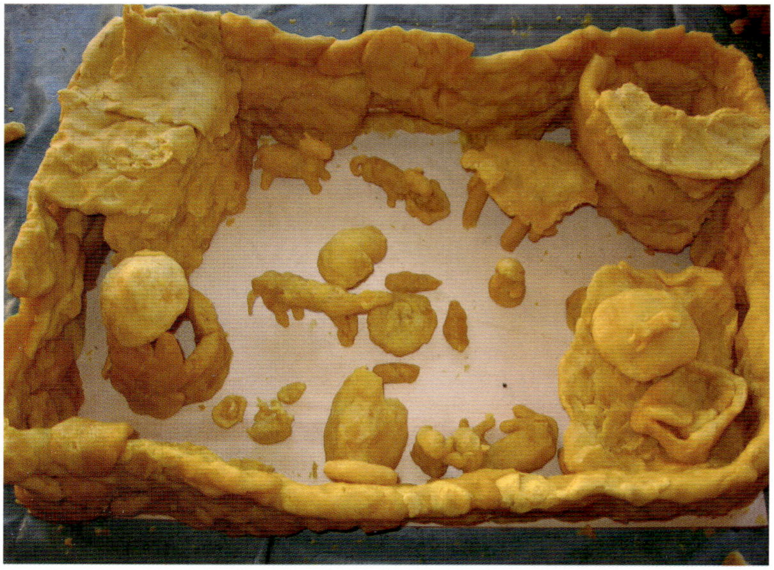

Links: Bauernhof aus Plastizierwachs

Rechts: Von den Verwandlungskünstlerinnen frisch produziertes Bienenwachs.

damit – oft sogar als Gemeinschaftswerk – etwas zu gestalten.

Wie bereits beschrieben, ist Bienenwachs sehr kostbar und wurde früher mit Gold aufgewogen. Es wird pro Volk und Jahr unter günstigen Bedingungen bis zu 1 kg Wachs produziert. In der Natur-Kinder-Garten-Werkstatt schmelzen wir Waben, die zwei- bis dreimal bebrütet wurden, im Sonnenwachsschmelzer aus (siehe Foto). Anschließend wird das Wachs im Wasserbad verflüssigt und zweimal geklärt, das heißt vom Bodensatz getrennt. Erst dann ist es bereit zum Weiterverarbeiten.

Herstellen von Plastizierwachs

Diese Vorbereitungsarbeit fällt nur ein einziges Mal an, um das Knetbienenwachs herzustellen. Es kann dann immer wieder neu zum Formen erwärmt werden. Zweckmäßig ist, pro Person 500 g Wachs zur Verfügung zu haben. Das vorhandene Wachs wird abgewogen und in einem Edelstahltopf oder einem völlig unbeschädigten, emaillierten, möglichst flachen Topf mit Deckel bei 70 °C im Backofen eingeschmolzen. In das flüssige Bienenwachs werden pro 1000 g Wachs 60 g reines Wollfett (Adeps lanae aus der Apotheke) eingerührt. Nun lässt man die Mischung allmählich abkühlen und schöpft das fest werdende Wachs mit dem Löffel oben und an den Seitenwänden des Topfes ab. Es wird in kleinen Portionen auf Backpapier gelegt, und sobald man es anfassen kann, wird es kräftig und sehr gründlich durchgeknetet. Vorsicht ist geboten, weil das Wachs sehr lange die Hitze hält!

Kleine «Knubbel», die man fühlt, werden mit den Fingerspitzen geglättet. Das gut durchgearbeitete Material wird zu kleinen

Links: Sonnenwachsschmelzer für eine Wabe.
Rechts: Das verflüssigte Wachs läuft goldgelb und rein als Kostbarkeit in der Form zusammen.

Kugeln geformt und zur Seite gelegt. Nun wendet man sich der nächsten Portion zu.

Diese Herstellungsarbeit für Plastizierbienenwachs ist nur dieses eine Mal sehr aufwendig und sollte mit einer Gruppe beim Elternabend oder in einer anderen gemütlichen Runde ausgeführt werden. Denn: «Viele Hände machen langer Arbeit schnell ein Ende», und Sorgfalt lohnt sich. Es empfiehlt sich, bei einem Arbeitsschritt nicht mehr als 3 kg Wachs pro Topf zu bearbeiten und währenddessen bereits das nächste Wachs im Ofen schmelzen zu lassen.

Meist entsteht beim Wachsvorbereiten eine sehr gute Gesprächsatmosphäre. Vielleicht findet man Sachkundige, die während der Arbeit über die faszinierende Bienenwelt erzählen.

Großer Sonnenwachsschmelzer für acht Waben.

Plastizieren mit Bienenwachs. Das Knetwachs kann immer wieder erwärmt, «verwandelt» und geformt werden.

Eine Ritterburg aus Bienenwachs

Die vielen kleinen Wachskugeln werden nun für künftige Plastizierrunden zurück in den Topf gelegt. Vor dem Gebrauch erwärmt man sie ca. eine Stunde bei 50 °C im Backofen und achtet gut darauf, dass sich das Wachs nicht verflüssigt.

Richtig große Gemeinschaftsbauwerke können mit warmem Wachs entstehen. Hier ist eine mittelalterliche Burganlage mit allem, was Ritter- und Prinzessinnenherzen begehren, zu sehen.

Da es den Kindern beim Plastizieren meistens mehr um den Entstehungsprozess als um das Ergebnis geht, fällt es gar nicht so schwer, ein Kunstwerk irgendwann wieder zu erwärmen, in kleine Kugeln zu verwandeln und etwas völlig Neues daraus entstehen zu lassen.

Hinweis zur Handpflege: Vor dem Plastizieren sollten die Hände gut gewaschen, abgetrocknet und mit einem Tropfen Lavendelöl eingerieben werden. Dann wird das Wachs nicht an der Haut kleben bleiben und bekommt außerdem von den arbeitenden Händen eine kostbare Substanz zurück.

Bienenwachs kann auch ohne den Zusatz von Wollfett zum Formen genommen werden, härtet aber dann wesentlich schneller aus.

Als Arbeitsunterlage kann man Holzbrettchen oder glatt geschliffene Baumscheiben benutzen.

Wenn man etwas über die Entstehung des Bienenwachses erzählt, wird meist sehr umsichtig und wertschätzend mit diesem kostbaren Material umgegangen.

Weihnachtliches Gestalten mit Bienenwachs

Bienenwachs ist ein sehr kindgerechtes Material mit unendlich vielen Gestaltungsmöglichkeiten. Im warmen Zustand kann es zum Plastizieren dienen. Verflüssigt man es, dient es zum Kerzenziehen oder -gießen. Aus Mittelwänden können gerollte Kerzen entstehen. Auch Weihnachtsbaum- und Fensterschmuck kann man aus Mittelwänden ausschneiden oder ausstanzen. In jedem Fall ist das Arbeiten mit Bienenwachs ein Fest für die Sinne!

Bienenwachssterne

Wenn die Natur in der dunklen, kalten Tiefwinterzeit in Grau-, Braun- und Olivtönen recht farblos und trist erscheint, hungert das menschliche Auge nach warmen, leuchtenden Farben. Im Zusammenhang mit den Schätzen aus der Bienenwelt kam uns in der Natur-Kinder-Garten-Werkstatt die Idee, mit den Kindern weihnachtliche Sterne aus Bienenwachsmittelwänden und farbigem Dekorbienenwachs zu gestalten. Besonders hübsch sind sie am Fenster oder im dunklen Grün des Weihnachtsbaumes.
Arbeitsanleitung: Sternschablonen aus glatter, fester Pappe in diversen Formen und Größen ausschneiden, auf Mittelwände oder Zierwachsplatten legen, gut festhalten und das Wachs mit dem Küchenmesser oder

dem Cutter ausschneiden; Sterne verschiedener Größen und Farben durch Andrücken zusammenfügen; die fertigen Sterne mit einem Aufhänger versehen. Das Wachs darf bei dieser Verarbeitungsmethode nicht zu kalt sein, da es sonst bricht und sich die einzelnen Elemente schlecht miteinander verbinden lassen. Zimmertemperatur von ca. 20 °C ist gut. Die Bienenwachsmittelwände und das Dekorwachs gibt es bei Imkern, im Kreativhandel oder auf Weihnachtsmärkten.

Kerzen aus reinem Bienenwachs herstellen

Kein Wunder also, dass in früheren Zeiten Bienenwachs mit Gold aufgewogen wurde. Kerzen aus reinem Bienenwachs zierten die Altäre der Kirchen und dienten als Lichtquellen auf königlichen Tafeln in Zeiten,

Kerzen ziehen am Heiligabend

als es noch kein Stearin gab und die Elektrizität noch nicht erfunden war. Bienenwachstafeln wurden als Schreibuntergrund verwendet, in den man Schriftzeichen einritzte.

Kerzen rollen aus Bienenwachsmittelwänden:

Aus einer reinen Bienenwachsmittelwand wollen wir Bienenwachskerzen rollen. Die Mittelwand kann auch vorher mit einem Messer geteilt werden, um kleinere Kerzen herzustellen. Wenn das Mittelwandwachs vor-her für längere Zeit bei Zimmertemperatur (ca. 20 bis 25 °C) aufbewahrt wurde, kann man es besser rollen, ohne dass es aufbricht. Anschließend legt man einen Kerzendocht auf ein Mittelwandende. Dabei ragt die

Kerzenwerkstatt beim Imkerferst

Dochtspitze an einem Ende über das Wachs hinaus. Der Docht wird nun mit dem Bienenwachs ganz umschlossen und langsam aufgerollt. Es entsteht allmählich eine dicker werdende Bienenwachskerze. Das Wachsende wird zum Schluss leicht auf der gesamten Kerzenlänge angedrückt. An dem überstehenden Dochtende kann man die Kerze anzünden.

Kerzen ziehen:
Ausführliche Beschreibung in *Natur-Kinder-Garten-Werkstatt: Herbst*. – Reines, geklärtes Wachs im Wasserbad verflüssigen. Ein Stück Dochtgarn an einem Holzstäbchen befestigen und so oft in das flüssige Wachs eintauchen, bis die Kerze die gewünschte Dicke erreicht hat. Zwischendurch immer wieder nachformen und abkühlen lassen.

Kerzen gießen:
Für das Kerzengießen benötigen wir verschiedene Gießformen. Sie sind aus Latex, Gummi, Kunststoff oder Holz erhältlich. Für Miniaturkerzen sind auch Walnussschalen geeignet. In die Gießform wird ein Dochtstück eingeführt, das den Boden berührt. Je nach Gießform wird dieser Docht in der Form fixiert und festgeklemmt. Nun wird flüssiges Bienenwachs in die Form gegossen. *Vorsicht – Verbrennungsgefahr!*

Anschließend lässt man das Wachs auskühlen und löst es behutsam aus der Form. Das Wachs in den Walnussschalen kann man aushärten lassen und als Kerze verwenden. Die winzigen Walnussschalenkerzen brennen schon nach ca. 5 Minuten ab. Daher setzt man sie besser als «Schwimmkerzen» in eine mit Wasser gefüllte Schale und lässt sie abbrennen.

Gegenstände aus reinem Bienenwachs bekommen mit der Zeit einen weißen Belag, was für ihre gute Qualität spricht. Wenn dieser Belag stört, kann man ihn mit einem Ölläppchen oder mit etwas fetter Schafwolle leicht abreiben.

Kerzen gießen

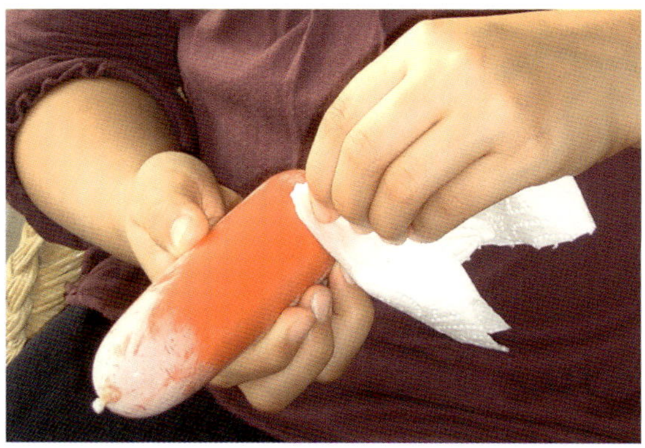

Bei dieser Kerze lässt sich der weiße Belag leicht mit einem Ölläppchen entfernen.

Schluss

von Irmgard Kutsch

Nun hat sich das Jahreskarussell im Bienengarten einmal im Kreise gedreht. Viele Facetten haben wir angeschaut, Entwicklungs- und Kulturgeschichte der Bienen betrachtet sowie die Beziehung zwischen Honigbiene und Mensch beleuchtet. Wichtig war uns, das Leben und die Organisation sowohl der Einsiedler- als auch der sozialen Arten zu verstehen, um dann das Richtige zur rechten Zeit für sie tun zu können. Und den Produkten der Honigbienen widmeten wir uns mit ihrer gesundheitsförderlichen, pflegenden und heilenden Wirkung und den zahlreichen Verarbeitungsmöglichkeiten. Aus einem weiten Spektrum haben wir einiges herausgenommen, was für erwachsene Laien gut verständlich und durch sie an Kinder leicht zu vermitteln bzw. mit ihnen gut umzusetzen geht.

Und so bleibt uns noch ein Blick in die Kultur. Musikliebhaber könnten ihre Freude haben am «Hummelflug» von Nikolai Rimskij-Korsakoff. Franz Schubert komponierte «Die Biene», als er sich von den kleinen emsigen Flugkünstlerinnen inspirieren ließ. Auch «die Hornisse» spiegelt sich wider in dem Musikstück Opus 97 A aus dem Film von Mikhail Rudy und Mariss Jansons. Willi Finkenrath und Sabine Strauß haben speziell für Kindergruppen ihr Bienenmusical «In dem kleinen Korb» entwickelt. Besonders zum Erzählen geeignet sind *Kleine Biene Sonnenstrahl* und *Das Bienenbuch* von Jakob Streit, dem viele große und kleine Leser ein kindgerecht-anschauliches Imkergrundwissen verdanken. Märchenfreunde erfreuen sich vielleicht an dem Märchen «Die Bienenkönigin» der Brüder Grimm. – Damit jeder Bienenfreund, jede Bienenfreundin die passende Literatur findet, haben wir auf S. 150/151 ein Verzeichnis zusammengestellt.

Hans Thoma, Der Bienenfreund

Literatur

Kinderbücher:

Feldmann, Georges A.: *Nesselräupchen und Federleicht*, oratio books.

Fischer-Nagel, Andreas u. Heiderose: *Unser Honigbuch*, Verlag Heiderose Fischer-Nagel, Spangenberg-Metzebach 2004.

Fuhr, Ute / Sautai, Raoul: *Die Biene*, Meyers Lexikonverlag, Mannheim 1993.

Hintermeier, Helmut und Margit: *Bienen, Hummeln, Wespen im Garten und in der Landschaft*, Obst- und Gartenverlag, München 1994.

– *Blütenpflanzen und ihre Gäste*, München 2002.

– *Blütenpflanzen und ihre Gäste,* Teil 2, München 2009.

Klein, Elisabeth, *Das Immchen Sirr*, Novalis Verlag, Schaffhausen 1985.

Möller, Anne, *Nester bauen, Höhlen knabbern*, atlantis thema, Zürich 2004.

– *Bei den Bienen*, Patmos Verlag, Düsseldorf 2006.

Schweiz-Anger, Else u. Werner: *Nur eine kleine Ameise*, ESA Verlag, Alpirsbach 1989.

Steghaus-Kovac, Sabine: *Bienen, Wespen und Ameisen*, Tessloff Wissen, Nürnberg 2008.

Strauß, Sabine / Finkenrath, Willi: *Das Lied von den Bienen. In dem kleinen Korb*, edition lionardo, Wuppertal 2006.

Streit, Jakob: *Das Bienenbuch*, Verlag Freies Geistesleben, Stuttgart 1997.

– *Kleine Biene Sonnenstrahl*, Verlag Freies Geistesleben, Stuttgart 1978.

Bücher für Erwachsene:

Berger, Petra u. Thomas: *Zwerge zum Selbermachen*, Verlag Freies Geistesleben, Stuttgart 2000.

Botinnen der Götter. Natur- und Kulturgeschichte der Honigbiene, Hrsg. Landschaftsverband Rheinland, Rheinisches Museumsamt, Abtei Brauweiler 1988.

Dany, Bernd: *Selbstgemachtes aus Bienenprodukten,* Ehrenwirt, München 1988.

Pollensammeln heute, Ehrenwirth, München 1978.

Figurenbeuten, hrsg. Agrar- und Freilichtmuseum Schloss Blankenhain 1997.

Günzel, Wolf Richard: *Das Insektenhotel*, Pala Verlag, Darmstadt 2007.

Das Wildbienenhotel, Pala Verlag, Darmstadt 2008.

Frank, Renate: *Honig, köstlich und gesund,* Ulmer Verlag, Stuttgart 2005.

Hill, Ray: *Propolis, Kittharz*, Ehrenwirth, München 1977.

Huber, Hanne: *Gestalten mit Bienenwachs im Vorschulalter*, Verlag Freies Geistesleben, Stuttgart 2001.

Kettner, Dr. H.: *Grundwissen für Imker*, Deutscher Landwirtschaftsverlag, Berlin 1985.

van Leeuwen, Marjolein / Moeskops, Jos: *Jahreszeitentische*, Verlag Freies Geistesleben, Stuttgart 2000.

Mancke, Günther: *Der Weißenseifener Hängekorb*, Weißenseifen-Michaelshag 2005.

Moritz, Robin: *Der Hobby-Imker*, Falken, Niedernhausen 1998.

Oppermann, Jutta: *Nutzen Sie die Schätze*

Ihres Imkers, LebensBaum Verlag, Bielefeld 2009.

Rhythmen und Reime. Arbeitsmaterial für den Waldorfkindergarten, Heft 6, Verlag Freies Geistesleben, Stuttgart 1995.

Rosenkosmetik, Hrsg. Regia-Verlag-Cottbus.

Rudnay, János / Beliczay, László: *Das Honigbuch*, Corvina 1987.

Seitz, Paul: *Duftpflanzen anbauen und verwenden*, Franckh-Kosmos, Stuttgart 1992.

Steiner, Rudolf: *Über das Wesen der Bienen*, Rudolf Steiner Verlag, Dornach 1998.

Tanzt und singt. Arbeitsmaterial für den Waldorfkindergarten, Heft 10, Verlag Freies Geistesleben, Stuttgart 1991.

Tautz, Jürgen: *Phänomen Honigbiene*, Spektrum Akademischer Verlag, München 2007.

Thun, Matthias: *Die Biene. Haltung und Pflege*, Aussaattag M. Thun Verlag, Biedenkopf 1994.

Weiler, Michael: *Der Mensch und die Bienen*, Verlag Lebendige Erde, Darmstadt 2000.

Zeiler, Claus: *Ratschläge für den Bienenfreund*, Neumann Verlag, Radebeul 1992.

Bildnachweis

Irmgard Kutsch: Titel, Vorsatz, S. 2, 8, 10–15, 26 oben, 29 links, 32 links unten, 58, 62, 64, 65, 71,74–82, 84–88, 90, 92–93, 96, 98, 100 rechts, 101–105, 106 unten, 108–123, 125–133, 142–144 links, 145, 146 rechts, 147 unten, 148, 153, 154–158 links, 159, 162 rechts, 164, 165, 177; Gudrun Obermann: S. 9, 16, 17 rechts, 18–20, 21, 25, 26 unten, 27, 28, 29 rechts, 30–32 links oben, rechts, 33–51, 57, 83, 89, 146 links, 147 oben, 166–173, 176; Hans-Werner Obermann: S. 17 links, S. 106 oben; Tobias, 9 Jahre: S. 21 oben; Stefan, 12 Jahre: S. 21 unten; Daniela Drescher: S. 53 und 56; Anna V. Salaw: S. 59, 60, 62, 64, 97; picture-alliance/image-state/HI: S. 61; Ulrich Braun: S. 61; Landschaftsmuseum Westerwald: S. 63; Robin Wagner: S. 67; Neel, 8 Jahre: S. 69, 81; Lastenia, 7 Jahre: S. 122; Carolin Winkendick: S. 72; Anke Wilhelm: S. 94, 95, 153, 158 rechts; Mira Reimann: S. 100 links, 124, 144 rechts; Heinz Uhlig: S. 134–137; Sabine Heintze: S. 162 links; Steffen Hannert: S. 174–175

Anhang 1

Beschreibung der Natur-Kinder-Garten-Werkstatt

von Irmgard Kutsch

Unsere sozial-ökologische Arbeit steht mit ihrer naturpädagogischen Ausrichtung im kosmischen Zusammenhang des natürlichen Jahreslaufes. Sie breitet sich mittlerweile im mitteleuropäischen Raum aus. Mit welchen Inhalten und Methoden das geschieht, geht aus folgendem Abschnitt hervor.

Die Natur-Kinder-Garten-Werkstatt bietet naturpädagogische Inhalte im jahreszeitlichen Zusammenhang in Form von praxisorientierten Fortbildungen für den Elementarbereich im europäischen Raum an. Beheimatet hat sich die Natur-Kinder-Garten-Werkstatt auf einem 1100 qm umfassenden privaten Naturgartengelände inmitten eines kleinen Dorfes im Oberbergischen, 50 km östlich von Köln.

Mitarbeiter in der Natur-Kinder-Garten-Werkstatt sind NaturpädagogInnen und im pädagogischen Bereich gärtnerisch oder handwerklich tätige Menschen.

Die Initiative Natur-Kinder-Garten-Werkstatt wurde im Jahr 1994 von Irmgard Kutsch gegründet, die auch die inhaltliche Konzeption entwickelte. Ziel war und ist es, durch gemeinsames kreatives Planen, Gestalten und Pflegen lebendige Erfahrungsfelder für Kinder zu schaffen, in denen sie sich ihrem Alter und ihrer Individualität entsprechend spielend, beobachtend und handelnd einen Zugang zum Wissen über die Natur erwerben können. Hierbei spielt das Lernen mit Kopf, Herz und Hand die maßgebliche Rolle. Im handwerklichen und gärtnerischen Tun löst das Vorbild des Erwachsenen ganz natürlich die Nachahmung des kleinen Kindes aus, besonders dann, wenn es generationenverbindend stattfinden kann. Das ist auch der Grund dafür, dass die Natur-Kinder-Garten-Werkstatt an vielen Orten kooperative Netzwerke von wissenden und könnenden Mitmenschen aufbauen hilft, die unterstützen, dass Kinder aus ihrem isolierten Inseldasein in Kindergarten und Schule herausgeführt werden. Neben dem generationenverbindenden Arbeiten wird großer Wert auf interkulturelles Arbeiten gelegt, wobei Themen wie Natur, Ernährung, Bekleidung, Wohnen und Gesundheit immer wieder willkommene Anlässe dazu geben.

Bevorzugte pädagogische Methoden sind dabei diejenigen, die man zum Modelllernen, zum situationsorientierten Ansatz und zur Erlebnispädagogik zählen kann. Das kleine Kind im Kindergarten- und ersten Schulalter lernt seine natürliche Mitwelt durch sinnenfrohes Erleben «be-greifen», und das bildet die Grundlage für späteres eigenverantwortliches Handeln. Das Kind wird natürlicherweise danach streben, das in der Natur zu schützen, was es kennen und lieben gelernt hat. So ist die Arbeit der Natur-Kinder-Garten-Werkstatt ein maßgeblicher Beitrag zur ökologischen und

Sommer
Schmetterlinge züchten
Kräuter verarbeiten
Erde, Wasser, Feuer, Luft
Vom Korn zum Brot
Obst und Gemüse ernten
Herbst
Hausbauwerkstatt
Korbflechten
Bienenwachswerkstatt
Papierwerkstatt
Adventwerkstatt
Winter
Wolle verarbeiten
Holz- und Tonwerkstatt
Säen, Keimen, Wachsen
Nisthilfenwerkstatt
Frühling
Lebensräume schaffen
Gestalten mit Pflanzenfarben
Milchverarbeitung, Imkerei

sozialen Friedenserziehung im Sinne der Nachhaltigkeit.

Alle pädagogischen Inhalte stehen im Zusammenhang mit dem Jahresrhythmus der Natur und sind im Farbkreis auf Seite 153 dargestellt.

So können mit der Natur-Kinder-Garten-Werkstatt dem Jahresrhythmus angemessen folgende Themen mit Interessentengruppen praktisch und lebensnah erarbeitet werden:

Säen und keimen, wachsen und pflanzen, pflegen und schauen

- Keimendes Getreide zeigt in besonders deutlicher Weise den Prozess des Neuwerdens aus dem Abgestorbenen im Frühling. Für unsere Kindergartenkinder und jüngeren Schulkinder ist es im heutigen Zeitalter der Lebenskränkung geradezu heilsam, Getreide auszusäen, zu pflegen und anschließend die vitale Keimkraft der Getreidekörner zu beobachten.

Lebensräume schaffen für Pflanzen, Tiere und Menschen

Gemeinsam wird Folgendes geschaffen:

- Nisthilfen aus Holz oder Lehm, Weidensitzrondell
- Spielmulden, Steinbeete für Kräuter, Paradiesgärtchen,
- Kartoffelkisten, Erdbeerfässchen, und und und …

Färben mit Pflanzenfarben

Von der Farbbadherstellung bis zum Malen mit Pflanzenfarben – will man von dieser Farbenvielfalt etwas in den Kindergarten hineinnehmen, können wir unsere pflanzengefärbten Tücher, Kissenbezüge, Hüllen und Säckchen in frischen Farben erstrahlen lassen.

Kräuter ernten und verarbeiten

Das Verarbeiten von Kräutern ist mit einer unglaublichen Sinnesfreude verbunden. Durch Schauen, Riechen, Schmecken und Tasten lernen die Kinder auf ganz natürliche Weise die unterschiedlichen Kräuterpflanzen kennen.

Schmetterlinge züchten

Der Werdegang vom Schmetterlingsgelege über gefräßige Raupen und Puppen zum schillernden Falter kann beobachtet werden, wenn wir den Tieren sachkundige, liebevolle Pflege zuteil werden lassen.

Leben mit den Naturelementen Erde, Wasser, Feuer, Luft

Mit den Naturelementen liebevoll, achtsam und fantasievoll umzugehen, können die Kinder nicht früh genug lernen. Der Bau von Liegebrücken, Spielteichen und Wasserläufen, Tonbauten, Steinlabyrinthen, Klangspielen, Erdöfen und Feuerstellen sind nur einige Möglichkeiten hierfür.

Lehmofenbau
Der Bau eines Lehmofens ist für jede Gemeinschaft ein intensives Erlebnis, welches über Jahre Bestand hat. Alle leisten ihren Beitrag – von der Planung über den Sockelbau, das Formen der Lehmkugeln und Gestalten des Ofens, vom ersten Anfeuern bis zur regelmäßigen Benutzung.

Getreide ernten und verarbeiten
Vom ganzen Korn zum feinen Mehl – eine Vielzahl an Sinneserfahrungen wird beim Zubereiten einer frischen Mahlzeit durchlebt. Das Rühren, Kneten, Formen, Schneiden, Backen und Tischdecken fördert auf natürlichem Weg die motorischen Fähigkeiten der Kinder.

Obst und Gemüse ernten und verarbeiten
Zusammenhänge verstehen – Sinne schulen. Beim gemeinsamen Ernten, Verarbeiten und Essen von Obst und Gemüse entwickeln wir eine Kultur, die dem Kind grundlegende Prinzipien vom Entstehen, Verwandeln und Vergehen verdeutlicht.

Flechtwerkstatt
Korb- und Flechtwaren dienten vielerlei Zwecken: dem Sammeln, Trocknen und Lagern, als Möbel- und Kleidungsstücke, als Fortbewegungsmittel, als Boote und Häuser. Neben der Fingerfertigkeit lernen die Kinder viel über die Eigenschaften von Hölzern, Sträuchern und Gräsern.

Hausbauwerkstatt
Bauen heißt sich selbst verwurzeln. Ob ein Flechtzelt, ein Hauszelt, ein Holzhaus, ein Reisigzelt, ein Lehmflechthaus oder eine lebendige Weidenhütte – beim Bau vertiefen sich alle Beziehungen einer Gruppe, bis wir stolz das Werk bewundern können.

Bienenwachswerkstatt

Gerade in der kalten Jahreszeit ist das formende Kneten mit warmem, duftendem Bienenwachs für die Kinder eine wahre Wohltat. Während des Wachsknetens kann man den Kindern Geschichten über das Leben im Bienenvolk erzählen. Dabei wird ihnen bewusst, wie kostbar das ist, was die Bienen während eines Sommers in fleißiger, mühsamer Arbeit aus der farbigen, duftenden Blütenwelt zusammentragen.

Adventwerkstatt

Die Vorweihnachtzeit ist durchwoben von Heimlichkeiten, Überraschungen und kleinen Freuden. Viele symbolträchtige Tätigkeiten wie das Ziehen, Färben und Schmücken der Kerzen, das Schiffchenblasen, der Bau von Krippen- und Weihnachtslandschaften werden zu unauslöschlichen Kindheitserinnerungen.

Wollwerkstatt

Arbeiten mit Wolle ist ein reiches Erfahrungsfeld. Vom Scheren der Schafe, dem Waschen und Trocknen, dem Kardieren und Spinnen, dem Zwirnen und Strangwickeln, dem Fingerhäkeln und Stricken bis hin zum Weben oder Filzen – die Kleinen sind erfahrungsgemäß mit großer Freude und viel Eifer dabei.

Holzwerkstatt

Strickleitern, einfache, fantasievolle Spielzeuge aus Ast- oder Wurzelholz, Kleiderhaken und Nistkästen, Bohnenzelte und

Handschmeichler … viele Werkmöglichkeiten bietet das Holz den großen und kleinen Handwerkern, je nach Geschicklichkeit.

Tonwerkstatt

Töpfern ist eine heilsame Tätigkeit. Ob Becher, Nisthilfen, Vogeltränken oder Tonschalen für das Ostergras – das Töpfern hat einen breiten und weit zurückreichenden Hintergrund in der Kulturgeschichte der Menschheit. Überall auf der Erde haben Altertumsforscher Tonplastiken und Gegenstände aus gebranntem Ton entdeckt. Geformt und modelliert wurde vor allem mit den Händen.

Papierwerkstatt

Mit dem Ende der Vegetationsperiode im November und der damit einkehrenden Winterruhe in der Natur bietet sich ein

weiterer Werkstattbereich für die Arbeit mit Kindern an: das Papierschöpfen. Jetzt, im November, wird der fortschreitende Zersetzungsprozess in der Natur von uns genutzt, um leicht an die besonders zellulosehaltigen Pflanzenbestandteile heranzukommen.

Alle diese Themenbereiche sind in der vierbändigen Buchreihe *Natur-Kinder-Garten-Werkstatt: Frühling, Sommer, Herbst* und *Winter* dargelegt. Das Buch *Die Wollwerkstatt* sowie die Broschüre «Natur-Werkstatt für Kinder» sind ebenso veröffentlicht worden (s. Literaturverzeichnis).

Diese Inhalte werden in erster Linie als Multiplikatorenschulungen in Form von praxisorientierten Fortbildungen für Mitarbeiter des elementarpädagogischen Bereiches angeboten. Die Natur-Kinder-Garten-Werkstatt arbeitet mit Kindergärten aller Trägerschaften zusammen, beteiligt sich an der Entwicklung für Konzepte der offenen Ganztagsschulen, engagiert sich in der Lehrer- und Erzieherausbildung sowie im Rahmen von Erwachsenenbildungswerken an Bildungsprogrammen zur Nachhaltigkeit. Auch öffentliche Veranstaltungen wie Fachmessen, Kongresse, Informationsbörsen für Naturpädagogik, Ökomärkte und Umwelttage werden durch Fachbeiträge, Aktionen für Kinder oder Literatur- und Fotoausstellungen mitgestaltet.

Mit dem vorliegenden Buch wollen wir unserem Wirken einen besonderen Akzent geben und stellen, ohne dem Anspruch auf Wissenschaftlichkeit Genüge leisten zu müssen, das in den Vordergrund, was wir in den letzten achtzehn Jahren in der Natur-Kinder-Garten-Werkstatt mit Bienen und Kindern erlebten.

Honigbienen leben beispielsweise in bestorganisierten Staatsgefügen. Sie zeigen uns, welche enormen Leistungen möglich sind, wenn sich gut funktionierende Gemeinschaften zu einem erstrebenswerten Ziel zusammenschließen. Bienen bringen ein großes Maß an Struktur und Ordnung in ihr Leben. Sie sind ein Symbol dafür, Dinge erreichen zu können, die fast unmöglich erscheinen. Sie arbeiten nach einem festen, ihrer Art gerechten Plan, der in allen Einzelheiten von einem Höchstmaß an Effektivität geprägt ist. Sie könnten dort als Vorbild gelten, wo Chaos, Planlosigkeit und Strukturmangel im Gemeinwesen vorherrschen, die selbst den größten persönlichen Einsatz ins Leere laufen lassen, dort, wo es eines tragfähigen Fundamentes bedarf.

Weitere Informationen unter
Tel. 022 61/5 22 21

Anhang 2

Leben und leben lassen – vom Gestalten naturnaher Außengelände für Kinder

von Irmgard Kutsch

Warum heißt ein Kindergarten eigentlich Kinder-Garten, obwohl er oft genug gar nicht wie ein einladender und geschützter Raum für kleine Menschen, Pflanzen und Tiere aussieht? Als vor 120 bis 150 Jahren die Betreuung von kleinen Kindern nicht mehr ausschließlich in der Großfamilie geleistet werden konnte, als die Industrialisierung zunahm und Erwachsene in Fabriken arbeiteten, um das tägliche Brot für ihre Familien zu verdienen, da gerieten Kinder oft in die Situation der Verwahrlosung und großer Armut. Es mussten neue Möglichkeiten der Kinderbetreuung entwickelt werden. Pioniere der Pädagogik wie Montessori, Steiner, Froebel, Pestalozzi usw. entwickelten erste Curricula für die kindliche Erziehung, um Ausgleich zu schaffen für das, was durch den Wandel der sozialen Strukturen den Kindern in ihrem Umfeld fehlte.

Kinder mehrerer Arbeiterfamilien wurden während der Abwesenheit ihrer Eltern gemeinsam in recht natürlichen Gärten – Kindergärten – untergebracht, wo man sie in Ruhe spielen und experimentieren, beobachten und nachahmen ließ. In altersgemischten Kindergruppen befassten sich Ältere mit Jüngeren, spielten miteinander und lernten auf ganz natürliche Weise gegenseitige Bedürfnisse kennen. Aber auch der Umgang mit Tieren und Pflanzen bahnte sich an, indem die Jüngsten beobachtend und nachahmend in die Tätigkeiten der Erwachsenen beim Versorgen, Füttern und Pflegen einstiegen. – Glücklicherweise hatte man der Schöpfung mit ihren Kreaturen gegenüber noch eine wesentlich höhere Wertschätzung, als es hundert Jahre später der Fall war. Zumindest die ländliche Bevölkerung lebte in enger Verbindung mit dem Naturgeschehen des Jahreslaufes und stimmte ihre gesamte bäuerliche Produktionsweise darauf ab.

In der zweiten Hälfte des letzten Jahrhunderts glaubte der Mensch sich völlig von der Natur emanzipieren zu können. Dieses Denken generierte einen zerstörerischen Materialismus mit zum Teil verhängnisvollen Auswüchsen in Natur, Wirtschaft und Gesellschaft. Bereits Ende der Sechzigerjahre des letzten Jahrhunderts entstand als Gegenbewegung aus der Erkenntnis um das zerstörerische Wirken des Menschen eine neue, vielseitige ökologische Bewusstseinsbildung. Themen wie ökologische Landwirtschaft, alternative Medizin, ressourcenschonende Energiegewinnung und grüne Orientierung in Politik und Gesellschaft führten einen Paradigmenwechsel herbei. Zwar war und ist die «grüne» Ausrichtung ökologisch aktiver Menschen prozentual gesehen nach wie vor nur bei einem geringen Teil der Bevölkerung gegeben; Persönlichkeiten mit einem nachhaltig sozial-ökologischen Bewusstsein sind

Johann Sperl, Kindergarten (um 1883)

aber oft sehr engagierte Zeitgenossen in unserem Staatsgefüge. Sie setzen sich in vielerlei grünen Zusammenhängen aktiv ein, sodass man ihr Wirken vielleicht mit dem von einer kleinen Menge Hefe in einem großen Teig vergleichen kann.

So hat sich auch die Natur-Kinder-Garten-Werkstatt Reichshof an der Erschaffung eines ganzen ökologischen Netzwerkes in der Region Nordrhein-Westfalen und weit darüber hinaus aktiv beteiligt. Einige unserer Kooperationspartner und -möglichkeiten möchten wir hier nennen, um unseren Lesern an anderen Orten Anregungen zu geben, dass es sich lohnt, vor Ort beispielsweise im Hinblick auf naturnahe und kindgerechte Außengeländegestaltung, Imkerei, gesunde Ernährung usw. nach Kooperationspartnern zu suchen. – Ganz gleich, ob man in Nord- oder Süddeutschland, in Ost- oder Westdeutschland lebt, es gibt viele haupt- und ehrenamtliche Organisationen mit natur- und umweltpädagogischen Ausrichtungen. Viele warten nur darauf, dass man sich interessiert und hilfesuchend an sie wendet. In Schulen, Kindergärten und

Freizeiteinrichtungen findet man aktive Ansprechpartner oft sogar in der Elternschaft. Auch in der Großelterngeneration gibt es meist Menschen, die ihr Wissen und Können gerne zur Verfügung stellen, wenn es darum geht, Gärten für Kinder naturnah und kindgerecht anzulegen und zu pflegen. Unter ihnen kann man gelegentlich auch diejenigen finden, die die Ferienbetreuung von Pflanzen und Tieren in Außengeländen für Kinder übernehmen.

Unsere Kooperationspartner sind:

«Mellifera e.V.», Vereinigung für wesensgemäße Bienenhaltung:

- entwickelt und erprobt seit 1985 nachhaltige ökologische Konzepte für die Bienenhaltung
- führt mit Seminaren und Publikationen in die faszinierende Welt der Bienen ein und informiert über ihre Gefährdung
- entwickelt das pädagogische Projekt «Bienen machen Schule»
- sorgt für eine politisch-gesellschaftliche Debatte über die Zukunft der Bienenhaltung.

Deutscher Imkerbund mit einer vielseitigen Publikationsreihe auch für Kinder:

- biologische Stationen in Nordrhein-Westfalen und anderen Bundesländern:
- vielseitige Programme im Rahmen der Natur- und Umweltpädagogik
- unterstützt regionale Erzeugung und Vermarktung von ökologischen Nahrungsmitteln, teilweise mit eigenem Gütesiegel.

Natur- und Umweltschutzakademie des Landes Nordrhein-Westfalen:

- vielseitige Fortbildungsmöglichkeiten für Multiplikatoren der Natur- und Umweltpädagogik
- Veröffentlichung von Schriftenreihen für Natur- und Umweltpädagogik.

Internationale Gesellschaft für Umweltbildung:

- natur- und umweltpädagogische Kooperation in Europa.

BUND für Umwelt- und Naturschutz Deutschland:

- vielseitiges Programm für Kinder und Jugendliche.

NaBu Naturschutzbund

- Programme für Kinder und Jugendliche im Rahmen der freien Jugendarbeit.

Schutzgemeinschaft Deutscher Wald / Deutsche Waldjugend

- aktiver Natur- und Umweltschutz im Rahmen von Kinder- und Jugendgruppen.

Bundesarbeitsgemeinschaft Lernort Bauernhof:

- Fortbildungs- und Öffentlichkeitsarbeit zum Thema «Bauernhofpädagogik».

Bundesverband der Natur- und Waldkindergärten in Deutschland

Internationale Vereinigung der Waldorfkindergärten:

- Arbeitsgruppe zur besonderen Problematik des Übergangs vom Kindergarten zur Schule.

Bund der Freien Waldorfschulen:

- Arbeitsgruppe «Offene Ganztagsschule».

Kommunalverwaltungen mit Umweltamt, Grünflächenamt, Untere Landschaftsbehörde Straßen- und Wegemeisterei, Jugendamt sowie Wasserbeschaffungsverband, Forstbehörde zur Unterstützung bei Außengeländeplanung und -gestaltung, Materialbeschaffung wie z.B. Weiden usw.

Freilichtmuseen für bäuerlich-handwerkliche Kultur:

- ökologische Seminare zur Bildung für nachhaltige Entwicklung.

Bergische Gartenarche, deren engagierte Arbeit hier in besonderer Weise exemplarisch erwähnt werden soll:
Es handelt sich um ein regionales Projekt mit überregionalem Modellcharakter, das durch Schutz und Weiterverbreitung historischer Obst-, Gemüse-, Kräuter-, Zier- und anderer Bauerngartenpflanzen Generationen und Organisationen miteinander verbindet. Viele helfen mit, das wertvolle grüne Erbe dieser rauen, aber liebenswerten Mittelgebirgsregion mit einer der höchsten Niederschlagsmengen Deutschlands und «steinreichen» Lehmböden zu bewahren. Mitarbeiter der Biologischen Station, des Freilichtmuseums, des Naturschutzbundes und viele ehrenamtliche junge

und jung gebliebene ältere Gartenfreunde spüren historische Nutz- und Zierpflanzen auf, die man zu Omas und Opas «Gartenschätzen» zählen kann, legen Schaugärten an und informieren über die vergessene Verwendung, den Anbau und Vermehrungsmethoden. Da die Zeit drängt und immer mehr Pflanzenarten verloren gehen, entschloss man sich, Patenschaften über seltene, alte Kulturpflanzen zu vergeben und einmal im Jahr eine groß angelegte Pflanzentauschbörse zu veranstalten. Dort ist natürlich auch die Natur-Kinder-Garten-Werkstatt vertreten. Auf unser Schild hin mit der Aufschrift «Wir tauschen Färberwaid- und Färberkamillepflanzen gegen Himbeerableger» erhielten wir fünf verschiedene Himbeersorten und kamen über viele andere Pflanzenarten, die auch bienen- und kinderfreundlich sind, mit originellen Gartenliebhabern ins Gespräch. Reich beschenkt mit ungeahnten Pflanzenkostbarkeiten, dürfen wir immer wieder erleben, wie gut wir nach achtzehn Jahren Arbeit für nachwachsende Generationen in der Welt der Pflanzen, Tiere und Menschen ins öffentliche Bewusstsein der Bevölkerung eingebettet sind. Und so möchten wir auch andere Zeitgenossen im privaten oder institutionellen Rahmen dazu ermutigen, irgendwo zu beginnen, sich für Erhaltung und Weiterverbreitung der biologischen Vielfalt einzusetzen.

Biodiversität – größtmögliche Artenvielfalt in Balkonkübel, Garten und Landschaft

von Gudrun Obermann

Pflanzen und Bienen leben miteinander in einer ökologischen Lebensgemeinschaft. Sie bilden eine besondere Symbiose aus, eine Partnerschaft, in der beide voneinander profitieren. Eigentlich können Pflanzen durch den Wind befruchtet werden (Selbstbefruchtung). Effektiver für den gesamten Naturhaushalt und vorteilhafter für die Evolution ist aber eine Fremdbestäubung durch sogenannte Pollenträger (wie durch die pollentragenden Insekten). Durch die Blütenbesucher (Bienen, Hummeln, Wespen, Schmetterlinge, Schwebfliegen) werden Pollen aus den Blüten von anderen Pflanzen der gleichen Art zur Blütenbefruchtung herbeigebracht. So wird infolge dieser natürlichen Kreuzungen eine neue genetische Variabilität erreicht, die größere, keimfähigere und stabilere Pflanzen ausbildet sowie zu einer verbesserten Widerstandsfähigkeit gegenüber Krankheitserregern und Parasiten führt. Der Pollen wird von den Blütenbestäubern auf andere Blütennarben transportiert und verteilt. Als Gegenleistung erhalten die Insekten dafür Nektar für sich und ihre eigene Brut. Beide Partner in der ökologischen Lebensgemeinschaft Pflanze und Biene sorgen für eine größere Artenvielfalt, Fruchtbarkeit der Pflanzen und Fortpflanzung der Tiere.

Um Bienen aller Art, ob Wild- oder Honigbienen, im Garten und im Außengelände anzusiedeln, müssen bestimmte Voraussetzungen gegeben sein.

Doch schon auf kleinstem Raum kann man Möglichkeiten schaffen, wie z.B. ein Blumenkübel, ein Kräuterbeet auf der Fensterbank oder eine Kletterpflanze an der Hausfassade, um Bienen, Hummeln und Schmetterlinge durch farbenprächtige und duftende Blüten auch an einem Standort mit geringem Platzangebot anzulocken.

Man kann in städtischen sowie ländlichen Gebieten blühende Pflanzen auf seinem Balkon, der Terrasse oder im Kleinstgarten ansiedeln. Gerade durch diese kleinen insel-

Links: Weidenstuhl
Rechts: Weidenblüte mit Wildbiene

artigen Anhäufungen von Pflanzen entsteht ein Gefüge, das wichtig für alle blütenbesuchenden Insekten (Bienen, Hummeln, Wespen, Schmetterlinge, Schwebfliegen) ist. Es bildet sich ein «mosaikartiges Grün» aus, das von Bienen und anderen Bestäubern genutzt werden kann. Vor allem Wildbienen suchen in vereinzelt wachsenden Pflanzen nach Pollen und Nektar, in sogenannten Rest-, Ersatz- und Sekundärbiotopen. Durch die gesteigerte Anzahl der «Grüninseln» kommt man zu einer Biotopvernetzung, die aufgrund der Vielzahl unterschiedlicher «Grünangebote» auch eine Vielzahl an unterschiedlichen Arten beherbergt und so einen wichtigen Faktor zur Biodiversität beiträgt.

Im Vorgarten nimmt dieser blühende Weidenstuhl mosaikartig an der Biodiversität teil.

Neben diesen Angeboten im «Kleinen» für jedermann zu Hause bieten sich ganz andere Möglichkeiten im «Großen», die jedoch denselben Zweck – die Erhöhung der Biodiversität – erfüllen. In diesem Zusammenhang soll das «Ackerrandstreifenprojekt» und der «Vertragsnaturschutz» erwähnt werden. Schon seit vielen Jahren kümmern sich Landwirte mit Unterstützung durch EU-Gelder um die Pflege und den Erhalt von Schutzgebieten in der Eifel. Mehrere Hektar Wiesen und Weiden werden besonders schonend bewirtschaftet, um eine Vielzahl von Pflanzen- und Tierarten zu schützen und zu erhalten. Es konnten sich erfreulicherweise durch dieses Projekt viele geschützte Arten ausbreiten und so einen wichtigen Baustein im gesamten Naturschutzprogramm liefern.

Im Unterschied zu den Wildbienen und Hummeln fliegt die Honigbiene in der Regel Massentrachten an, da sie sehr blütenstet ist und viele gleiche Blüten anfliegt.

Dadurch nimmt sie vor allem bei der Bestäubungsleistung in Obstbaumplantagen einen großen Stellenwert ein. Ihre Bestäubungsarbeit zusammen mit den anderen blütenbesuchenden Insekten ist enorm und sichert in großem Umfang den Erhalt von unseren Früchten und Obstsorten. Egal, ob im «Großen» oder im «Kleinen», es kommt immer wieder darauf an, erfinderisch und ideenreich auf die Suche nach vielfältigen Möglichkeiten für sein eigenes Umfeld und einem geeigneten Standort für Pflanzen zu gehen, die die Nahrungsgrundlage für Tiere und uns Menschen sind. Vor allem soll erreicht werden, monotone und artenarme Räume wie Flachdächer, Balkone, Terrassen, Gärten, Kinder- und Schulgärten individuell zu gestalten und so in blühende Landschaften zu verwandeln, die das Biotopmosaik erweitern.

Eine Fassaden-, Dachbegrünung oder ein Dachgarten sind einfache und schnell umsetzbare Beispiele dafür.

Fassadenbegrünung:

Für eine Hauswandbegrünung bieten sich ein- oder mehrjährige Pflanzen an. Um die ersten Erfahrungen mit einer bunten Hauswand zu sammeln, kann man mit einjährigen Pflanzen in einem Blumenkübel beginnen. Geeignete Pflanzen sind: Feuerbohne (Phaseolus coccineus), Erbse (Pisum sativum), Kapuzinerkresse (Tropaeolum majus), Duftwicke (Lathyrus odoratus), Prunkwinde (Ipomoea purpurea), Zaunrübe (Bryonia alba), die vorwiegend an sonnigen Standorten wachsen. Mehrjährige Kletterpflanzen sind nicht nur eine Augenweide, sondern bieten vielen Singvögeln Verstecke und Nistplätze zugleich. Ihre Blüten sind wichtig für Bienen und andere Bestäuber. Die meisten Hausbesitzer befürchten oft, dass durch die Pflanzen und deren Haftorgane die Mauern oder der Putz zerstört werden könnte. Bei intaktem Mauerwerk und Putz können die Haftwurzeln allerdings nichts anrichten. Vielmehr wirken die Pflanzen wie ein Schutzmantel vor extremer Hitze und Kälte, erzeugen lebenswichtigen Sauerstoff und schaffen schönes Grün und bunte Blüten an der Fassade.

Geeignete mehrjährige Kletterpflanzen sind: Wilder Wein (Parthenocissus tricuspidata), Waldgeißblatt (Lonicera periclymenum), Winterjasmin (Jasmin nudiflorum) und Waldrebe (Clematis vitalba). Diese aufgeführten Kletterpflanzen bevorzugen sonnige bis halbschattige Standorte.

Dachbegrünung:

Für die Schaffung einer Dachbegrünung kann man vom ansässigen Umweltamt eine umgerechnete Vergütung für die begrünte Fläche erhalten. Da man das Dach als Grünfläche nutzt und das Regenwasser auf dieser Fläche versickern lässt, wird es von den zu zahlenden Abwasserkosten abgezogen. Solche Beispiele machen auch kostengünstig Mut, Ideen für ein mosaikartiges Anlegen von blühenden Pflanzen umzusetzen.

Steingartenpflanzen für die Dachbegrü-

Dachbegrünung

nung: Mauerpfeffer (Sedum acre, Sedum album), Dachwurz (Sempervivum tectorum), Thymian (Thymus pulgeioides), Lerchensporn (Corydalis lutea), Fingerkraut (Potentilla reptans).

So gibt es eine große Pflanzenauswahl, die nicht nur farbenprächtig und schön aussehen, sondern gleichzeitig vom Menschen verkostet werden kann und für die Bienen eine gute Nahrungsquelle darstellen.

Kräuterpflanzen für Kübel, Töpfe oder Beete:
Lavendel (Lavandula angustifolia), Zitronenmelisse (Melissa officinalis), Salbei (Salbei officinalis), Basilikum (Ocimum basilicum), Pfefferminze (Mentha spec.), Ringelblume (Calendula officinalis) und weitere Pflanzmöglichkeiten (siehe Kapitel 5, Jahresrhythmus).

Bei der Ernte der Kräuterpflanzen sollte man darauf achten, dass nur ein Teil der Kräuterblätter geerntet wird. Der andere Teil sollte bis zur Blüte stehen bleiben können. So können Blütenbesucher angelockt und ernährt werden. Das Gleiche gilt auch für eine große Wildblumenwiese im Garten oder für den Landwirt auf dem Feld. Für die nektarsuchenden Insekten ist es wichtig, dass sie ihre Futterquelle durch die Mahd nicht gänzlich verlieren. Wenn möglich, sollten einige Parzellen stehen bleiben, damit die Insekten nicht völlig aushungern. Manche Landwirte sprechen sich bei der Mahd ab, welche Wiesen für die Blütenbesucher stehen bleiben und später gemäht werden.

Bäume, Sträucher und Gehölze in Kübeln und Gärten:
Wenn man auf seiner Terrasse oder dem Dachgarten Platz findet, um größere Pflanzkübel aufzustellen, sollte man bei der Auswahl vor allem einheimische Bäume und Sträucher bevorzugen. Sie haben eine bessere ökologische Anpassungsfähigkeit an die hiesigen blütenbestäubenden Insekten und einen größeren Stellenwert für Mensch und Tier. Im eigenen Garten nehmen Bäume und Sträucher eine besondere Rolle ein. Sie filtern die Luft, geben uns den lebensnotwendigen Sauerstoff und sind Lebensraum für allerlei Tiere. Sie bieten Schutz vor Lärm, Wind, starker Sonneneinstrahlung und neugierigen Blicken. Vor allem für die Kinder sind es willkommene Versteck- und natürliche Klettermöglichkeiten im Garten.

Vorzugsweise sollte man Obstbäume und

Sträucher anpflanzen, da auch die Kinder sehen können, wie die Früchte wachsen, sowie die reifen Früchte ernten und genießen können: Apfel-, Birn-, Mirabellen-, Aprikosen-, Kirschbäume; Himbeer-, Johannisbeer-, Stachelbeersträucher, Felsenbirne; Gewöhnlicher Hasel, verschiedene Weidenarten, Eberesche, Traubenkirsche, Weißdorn.

Auch im Bereich der Baumscheiben und unter den Sträuchern kann man schöne blühende Beete ansiedeln. Gerade Frühjahrsblüher wie Primeln, Veilchen, Vergissmeinnicht und Lungenkraut lassen sich dort anpflanzen.

Diese Arbeiten kann man auch im Herbst mit den Kindern gemeinsam vorbereiten, wenn an diesen Stellen Zwiebeln von verschiedenen Krokusarten, Schneeglöckchen, Winterling, Hyazinthen, Tulpen und Narzissen in die Erde gesteckt werden. Diese Frühjahrsblumen und Zwiebelgewächse erfreuen uns wochenlang mit ihrer Blütenpracht und bieten unseren Bienen und Hummeln eine wichtige erste Futterquelle nach dem langen Winter. So sind vor allem Weiden- und Haselnussbäume als Frühblüher wichtige Bienenfutterpflanzen.

Mellifera e.V. Vereinigung für wesensgemäße Bienenhaltung

von Thomas Radetzki

Verschiedene Belastungsfaktoren schwächen die Bienengesundheit und führen regional oder großräumig immer wieder zu erschütterndem Bienensterben. Ohne Bienen können wir jedoch nicht leben. Sie bestäuben die Mehrzahl aller Wild- und Nutzpflanzen. Deshalb entwickelt Mellifera e.V. seit 1985 nachhaltige Konzepte für die Bienenhaltung. Dazu dient die vereinseigene Lehr- und Versuchsimkerei Fischermühle und die Zusammenarbeit mit einer Reihe von Partnern. Mit eigenen Forschungsprojekten, Publikationen und Seminaren stellt sich der Verein aktuellen fachlichen Fragen. Mellifera e.V. führt in die faszinierende Welt der Bienen ein, informiert über ihre Gefährdung und sorgt für eine politisch-gesellschaftliche Debatte über die Bienenhaltung. Seinen Erfolg verdankt der Verein nicht zuletzt den vielfältigen Impulsen aus dem Werk Rudolf Steiners.

Lehr- und Versuchsimkerei Fischermühle

Zur Fischermühle auf die Schwäbische Alb kommen regelmäßig Interessenten und Imker zu Besuchstagen, Kursen und verschiedenen Seminaren. Die Imkerei Fischermühle ist staatlich anerkannter Ausbildungsbetrieb und als Demeter-Imkerei zertifiziert. Rund 150 Bienenvölker dienen Lehr- und Versuchszwecken. Wesensgemäße Bienenhaltung verzichtet auf problematische rückstandsbildende Arzneimittel. Der natürliche Schwarmtrieb bildet die Grundlage der Völkervermehrung. Die Waben werden von den Bienen im Naturwabenbau selbst gebaut, auf künstliche Waben wird verzichtet.

Einführung in die Bienenhaltung

Die Bienenhaltung ist nicht allein über Bücher zu erlernen, sondern idealerweise mit persönlichem Beistand, von Mensch zu Mensch. Einige Pioniere wesensgemäßer Bienenhaltung haben sich zum Ausbildungsverbund zusammengeschlossen. Sie bieten praktische Einführungskurse in ihren Imkereien an verschiedenen Orten in und außerhalb Deutschlands an. In kleinen Kursgruppen kann die Arbeit am Bienenvolk erlernt werden. An sechs über die Bienensaison verteilten Samstagen wird auch das dazugehörige fachliche Grundwissen vermittelt. Auch in der Fischermühle finden solche Kurse und andere Einführungen in die Demeter-Bienenhaltung statt. In einem internetgestützten Beratungsnetz für wesensgemäße Bienenhaltung sind bundesweit Ansprechpartner zu finden.

Bienen machen Schule

Spezielle Unterstützung für die Bienenhaltung an Schulen und Kindergärten bietet das Projekt «Bienen machen Schule». Auf der entsprechenden Internetseite sind Unterrichtsmaterial und andere vielfältige Unterstützung für fächerübergreifende erlebnisbezogene Pädagogik zu finden. Dazu gehören Links, Downloads und ebenfalls ein Internet-Netzwerk von erfahrenen Pädagogen.

«Netzwerk blühende Landschaft»

Das «Netzwerk blühende Landschaft» wurde im Jahr 2003 von Mellifera e.V. initiiert. Anlass waren bundesweite Völkerverluste, die auch mit der Blütenarmut unserer Landschaften zusammenhingen. Intensive Agrarwirtschaft verdrängt blühende Pflanzen aus Feldern und Wiesen. Einseitige Ernährung und Hungerperioden für Bienen, Hummelnund Schmetterlinge sind die Folge. Das Netzwerk hat Imkerei und Naturschutz zusammengeführt und praktische Merkblätter für Landwirtschaft, kommunale und private Flächen entwickelt. Immer mehr Einzelpersonen und Initiativen des Netzwerkes sorgen auch im Ausland für bunte Landschaften, um das dramatische Artensterben der Blütenbestäuber zu stoppen.

Mellifera e.V. im Internet

www.mellifera.de
www.bienen-schule.de
www.bluehende-landschaft.de
www.bienenkiste.de
www.BeeGood.de
www.bienen-heilen.de
www.bienen-gentechnik.de
www.stiftung-bienenpflege.de

Postadresse

Mellifera e.V.
Lehr- und Versuchsimkerei
Fischermühle 7
D-72348 Rosenfeld
Telefon 07428-945 249 0
Fax 07428-945 249 9
mail@mellifera.de

Anhang 4 Imker im Dienste der Umwelt

DEUTSCHER IMKERBUND E.V.

Die Bienenhaltung in Deutschland ist für etwa 88.000 Menschen mehr als nur ein sinnvolles Hobby. Ihre Arbeit dient der Erhaltung der Artenvielfalt unserer heimischen Flora und der Ertragssteigerung bei vielen Nutzpflanzen. So leisten sie einen bedeutenden Beitrag für das ökologische Gleichgewicht und die Volkswirtschaft. Nur wenige Menschen wissen, dass jährlich in Deutschland rund zwei Mrd. Euro durch die Bestäubungsleistung der Bienen erwirtschaftet werden, ein Zehn- bis Fünfzehnfaches der Honigproduktion. Durch diese enorme Leistung ist die Honigbiene das drittwichtigste Nutztier nach Rind und Schwein. Daran lässt sich auch die Bedeutung der kleinen Imkereibetriebe ermessen, die durch ihre breit gestreute Verteilung die flächendeckende Bestäubung von Obstbäumen, Beerensträuchern und Gartenkulturen heu te noch größtenteils garantieren.

Lässt sich die volkswirtschaftliche Bedeutung rechnerisch ausweisen, so wird die monetäre Erfassung der ökologischen Bedeutung für die 2.000 bis 3.000 heimischen wild wachsenden Blütenpflanzen, die wiederum Nahrungsgrundlage für eine Vielzahl von Vögeln und anderen Wildtieren sind, unmöglich. Fest steht aber: Würden Bienen fehlen, so wäre das Ökosystem erheblich gestört. Damit dies nicht geschieht, muss eine größtmögliche Ansiedlung von Bienenständen in der Landschaft das Ziel sein. Man kann die Honigbiene aber nur dort halten, wo die Landschaft nicht blütenarm und ein ausreichendes Nahrungsangebot vorhanden ist. Die Gestaltung und Erhaltung unserer Kulturlandschaft, z.B. durch Ackerrandstreifen-, Streuobstwiesen- und Blühflächenprogramme, sieht der Deutsche Imkerbund e.V. (D.I.B.) als größte Bienenzüchtervereinigung, der neunzehn Imker-/Landesverbände angehören, deshalb neben der Förderung der Bienenhaltung als wichtigste Aufgabe. Ziel der Arbeit ist es, zusammen mit anderen im Naturschutz Tätigen, einerseits zur Aufklärung über die Bedeutung der Honigbiene in der Öffentlichkeit beizutragen und andererseits die Artenvielfalt unserer Natur zu erhalten.

Diese Aufklärungsarbeit beginnt bereits im Kindes- und Jugendalter. Viele Imkerinnen und Imker engagieren sich deshalb sehr aktiv in Schul-AGs, bieten Ferienprogramme, die Betreuung eines Bienenstandes in Schulgärten, die Durchführung von Projektwochen sowie Führungen und vieles mehr für die möglichen «Imker von morgen» an.

Projekte mit Bienen haben für Kinder viel zu bieten. Sie ermöglichen den Umgang mit lebenden Tieren, fördern das Verantwortungsbewusstsein, den Respekt vor Tieren und ermöglichen einen weitreichenden Kontakt mit der Natur. Ein selbst erwirtschaftetes Lebensmittel wie Honig vermittelt den Kindern die Wertschätzung von Nahrungsmitteln. Jugendliche erhalten außerdem den Einblick in das Berufsbild Landwirt/Tierwirt und in eine spannende und sinnvolle Freizeitbeschäftigung. Im Erwachsenenalter erinnern sich viele an diese positiven Erfahrungen.

Imker sind naturverbunden und verantwortungsvoll, die Biene fasziniert sie, und die Liebe zur und das Arbeiten in der Natur lässt Menschen aus allen Schichten und Berufsgruppen mit der Bienenhaltung beginnen.

Waren es vor zwanzig Jahren noch rund 100.000 Menschen, die Bienen hielten, so sind es gegenwärtig in Deutschland rund dreizehn Prozent weniger. Seit 2008 ist die Mitgliederentwicklung im D.I.B. jedoch wieder erfreulich. Viele Menschen reagieren auf die Gefährdung der flächendeckenden Bestäubung durch die sich fortsetzenden Bienenverluste. Außerdem engagiert sich der D.I.B. in der Nachwuchswerbung. Viele Vereine, die Landesverbände und die deutschen Bieneninstitute bieten Neueinsteigern Schnupperkurse, Anfängerlehrgänge und Patenschaften an, um ihnen optimale Startbedingungen in die Imkerei zu bieten. Auch die Entwicklung von Informationsmaterial für Anfänger, die Durchführung eines bundesweiten «Tag der deutschen Imkerei» und die Abgabe von Schautafelsätzen für Lehrbienenstände, -pfade, Naturparks unterstützen die Nachwuchsinitiativen.

Nicht unerwähnt darf bleiben, dass es in den Landesverbänden eine breite Palette von Fördermöglichkeiten, zum Beispiel für Schulungsangebote von Neuanfängern, gibt. Auch die Imkervereine haben in den letzten Jahren gute Ideen entwickelt,

um neue Mitglieder zu finden, etwa die Unterstützung der Anfänger durch einen Imkerpaten, die Möglichkeit des Leasings eines Bienenvolkes auf Zeit mit gleichzeitiger Betreuung durch erfahrene Imker und die Organisation von Anfängerkursen.

Es gibt vielfältige Ansätze, deren Ziel es ist, eine Sensibilität für die Problematik bei jedem Einzelnen zu entwickeln, damit die Bienenhaltung in Deutschland auch in einhundert Jahren noch möglich ist.

Der D.I.B. und seine Landesverbände bieten auf ihren Internetseiten zahlreiche Informationen zum Thema Bienenhaltung. Besuchen Sie einen Imker in Ihrer Nähe, und Sie werden sehen: Wer einmal in ein Bienenvolk geschaut hat, ist fasziniert.

Petra Friedrich
DEUTSCHER IMKERBUND E. V.

2010 Königinnen

2010 Königinnen für das Ruhrgebiet! Die Natur ins Ruhrgebiet zurückholen. Der Verein «2010 Königinnen für das Ruhrgebiet» tut, was die Biene selbst nicht kann: er spricht in ihrem Interesse.

Der Mensch überlebt ohne die Biene nicht! Kein Essen ohne Bienen! Sie bestäuben fast 70 Prozent aller Nutzpflanzen. Ohne Bienen gäbe es keine Äpfel, Kirschen und Birnen, in Gärten und Feldern werden Bienen als Bestäuber gebraucht. Selbst bei Raps, der vom Wind bestäubt wird, bringen Bienen 20 Prozent mehr Ertrag.

Bienen erhöhen die Artenvielfalt. Sie machen unsere Landschaft bunter. Eine Wiese mit Bienen hat viel mehr verschiedene Blumen, und wenn eine Kuh diese Vielfalt frisst, werden Milch und Fleisch besser. Die Biene ist also nicht nur gut für die Natur, sie ist auch unverzichtbar für die Wirtschaft!

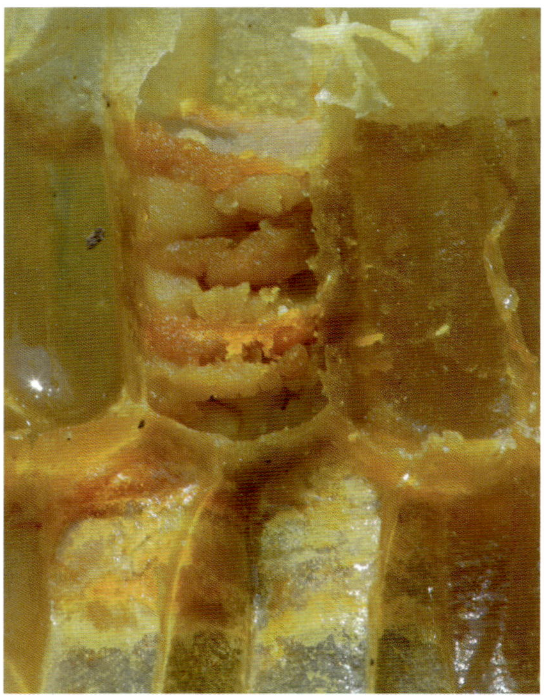

Die Biene überlebt nicht ohne den Menschen! Er braucht die Bestäubungsleistung der Bienen. Umgekehrt aber braucht auch die Biene den Menschen. Denn um zu überleben, fehlen ihr in der freien Natur die Wohnmöglichkeiten. Zudem gefährden Parasiten den Fortbestand der Bienen, und die können zurzeit nur vom Menschen im Zaum gehalten werden.

Ausgerechnet das Ruhrgebiet und Bienen? Biene und Mensch sind aufeinander angewiesen. In ganz Europa, ja auf der ganzen Welt gehen die Bestände an Bienen zurück. Es müssen wieder mehr Bienen her! Aber wieso ausgerechnet das Ruhrgebiet

als Ausgangspunkt für ihre systematische Verbreitung und Pflege? Weil sich das Ruhrgebiet auf neuen Wegen befindet. Die Kohleförderung ist fast verschwunden, die Industrie nicht mehr so prägend. Das Ruhrgebiet wird immer mehr zu einem modernen, vielseitigen Ballungsraum. Und: es liegt im Herzen Europas! Also: Gerade das Ruhrgebiet und Bienen!!!

2010 Bienenvölker für das Ruhrgebiet? Überall im Ruhrgebiet gibt es Halden und stillgelegte Zechen, Parks und Gärten, jede Stadt hat Naherholungsgebiete – die Lunge des Ruhrgebiets! Immer noch liegen riesige Flächen brach, die Rückstände aus der Zeit der Kohleförderung. Bienen helfen, diese Flächen schnell mit bunter Vielfalt zu beleben, sie bringen mehr Natur ins Ruhrgebiet. Dazu brauchen die Bienen nur einen Bienenkasten, und der ist kaum größer als eine Kiste Bier. Man bringt ihn nicht nur in Parks und auf Brachen unter, es reicht schon ein kleiner Garten oder ein Balkon. Und ihr Futter holen sich die Bienen selbst, nur für den Winter muss man zufüttern.

Jeder kann etwas tun! Auch wenn nicht jeder Platz und Zeit für ein eigenes Bienenvolk hat, so kann doch jeder etwas für die Bienen tun. Dazu reicht schon ein Blumenkasten vor dem Fenster oder auf dem Balkon. Die Bienen werden's danken.

Was kann ich tun? Werden Sie Mitglied des Vereins «2010 Königinnen für das Ruhrgebiet», übernehmen Sie Bienenpatenschaften oder unterstützen Sie den Verein durch eine Spende! Wir informieren Sie gerne und geben alles weiter, was wir über Bienen wissen.

Irmgard Kutsch, geb. 1952 in Brühl bei Köln, verlebte ihre Kindheit in einem abgelegenen Forsthaus in der schönen Mittelgebirgslandschaft des Oberbergischen Landes. Der Vater ließ sie teilhaben an allen pflegerischen Aufgaben, die er als Förster zu erfüllen hatte. Er vermittelte ihr ein tiefes Verständnis für die weisheitsvoll gefügten Zusammenhänge zwischen Wald, Wasser, Licht, Luft und Erde. Die Mutter bezog sie in die reichhaltigen und vielseitigen Tätigkeiten der kleinen Selbstversorgerlandwirtschaft mit ein.

Selbstverständlich war es ihr erlaubt, auf Bäume zu klettern, am Bach mit Ton zu formen oder das Leben in den Teichen zu erkunden. Der weite Weg bis zur Schule musste auch bei extremen Witterungsverhältnissen zu Fuß und ganz allein zurückgelegt werden.

Nach ihrem Schulabschluss absolvierte sie eine Ausbildung zur Veterinär-medizinisch-technischen Assistentin an der Tierärztlichen Hochschule Hannover. Anschließend arbeitete sie im Biologischen Dienst der Landesanstalt für Gewässerkunde und Gewässerschutz Krefeld und in einem Lebensmitteluntersuchungslabor der Bundeswehr in Düsseldorf. Später wandte sie sich der Kindergarten- und Heilpädagogik zu. Als Fachlehrerin für Textilgestalten und Werken war sie in einer Sonderschule für Geistigbehinderte tätig. Nach einer Waldorferzieherausbildung arbeitete sie zunächst im Waldorfkindergarten. Dann absolvierte sie die Ausbildung zur Chirophonetikerin und war heilpädagogisch mit dieser Sprachtherapie in verschiedenen Siegener Kindergärten tätig.

Sie entwickelte das Konzept der Natur-Kinder-Garten-Werkstatt, um es in vielen Einrichtungen für Kinder durch Erzieherfortbildung, Elternarbeit, Vorträge und Öffentlichkeitsarbeit umzusetzen. Beratend war sie u.a. für Außengeländegestaltung sowie Vollwerternährung in Kindergärten tätig und erteilte Blockunterricht in der Erzieher- und Lehrerausbildung. Besonders dankbar ist sie ihren beiden Kindern und den Enkeln für die Unterstützung ihrer Arbeit.

Schon früh konnte sich bei ihr die Liebe zur Schöpfung und ein ganzheitliches Naturverständnis entwickeln; das prägte ihre schöpferische Kraft, mit Zivilcourage ein berufliches Aufgabenfeld zu ergreifen, in dem ihre ökologischen und sozialen Zukunftsvisionen in die Tat umgesetzt werden konnten.

Gudrun Obermann, Jahrgang 1965, verheiratet, Mutter zweier Söhne.

Ihre Kindheit verlebte sie in Hövelhof bei Paderborn (Westfalen). Ihre unbeschwerten Erlebnisse in der Natur machte sie in dem ländlichen Raum mit ihrem älteren Bruder, ihrer jüngeren Schwester und vielen Nachbarskindern. Sie kletterte auf Bäume, baute Häuser aus Stroh und Holz, spielte in Wiesen und am Bach.

Nach ihrer Schulzeit begann sie ein Biologiestudium in Münster und wechselte nach dem Vordiplom nach Bonn. Nach dem Studium leitete sie als wissenschaftliche Mitarbeiterin in Seminaren Studentinnen an. Als freiberufliche Diplom-Biologin führte sie für verschiedene Landschaftsingenieurbüros in Rheinland-Pfalz und Nordrhein-Westfalen Umweltverträglichkeitsprüfungen durch. Im Ökologie-Zentrum Aachen e.V. war sie schließlich als Natur- und Umweltpädagogin tätig. Hier konnte sie ihre pädagogischen Fähigkeiten in stadtökologischen Führungen, Seminaren und Workshops mit Kindern und Erwachsenen einbringen.

Der sich so entwickelnde bisherige berufliche Schwerpunkt «Naturpädagogik und Weiterbildung für Kinder und Erwachsene in der Umweltbildung» wurde im Oberbergischen Kreis fortgeführt und mündete 1998 in der Gründung des Vereins «Natur-Kinder-Garten-Werkstatt Reichshof e.V.». Dort hat sie mit der «Wollwerkstatt-Reihe» verschiedene Kindergärten besucht und in Projekten den Kindern und Erwachsenen den Weg der Wolle vom Schaf bis zum Wollteppich unmittelbar nahegebracht. Im Rahmen der Vereinsarbeit war sie u.a. auf verschiedenen Umweltmärkten tätig, um naturpädagogische und handwerkliche Tätigkeiten mit unterschiedlichen Materialien für Kinder und Erwachsene vorzustellen. Während der Erziehungszeit des ersten Sohnes entschloss sie sich, eine «berufsbegleitende zweijährige Ausbildung zur Waldorferzieherin» in Köln zu beginnen. Nach der Geburt des zweiten Sohnes hat sie die Ausbildung mit verschiedenen Praktika in Kindergärten abgeschlossen. Zurzeit ist sie in dem zweigruppigen, integrativen Waldorfkindergarten Hennef als Waldorferzieherin in der integrativen Gruppe tätig.

256 Seiten, durchgeh. farbig, gebunden
ISBN 978-3-7725-2650-3

Ein lebendiger Garten ist ein Raum für Schönheit und Wunder vor der eigenen Tür. Ihn zu erschaffen kann für jeden Gärtner – ob Anfänger oder alter Hase – zu einer aufregenden Erfahrung werden.
Die Journalistin und Gärtnerin Jane Powers beschreibt unterhaltsam und fachkundig, wie man vorgeht und worauf es dabei ankommt – von der richtigen Anlage bis zu den grundlegenden Arbeiten im Rhythmus der Natur.

Verlag Freies Geistesleben